나의 첫 생태도감

식물편 : 나무

나의 첫 생태도감 식물편:나무

초판 1쇄 발행일 2024년 6월 26일

글과 사진   지경옥, 이기숙
펴낸이   이원중

펴낸곳 지성사 **출판등록일** 1993년 12월 9일 **등록번호** 제10-916호
주소 (03458) 서울시 은평구 진흥로 68, 2층
전화 (02) 335-5494 **팩스** (02) 335-5496
홈페이지 www.jisungsa.co.kr **이메일** jisungsa@hanmail.net

ⓒ 지경옥·이기숙, 2024

ISBN 978-89-7889-551-4 (76480)

잘못된 책은 바꾸어 드립니다. 책값은 뒤표지에 있습니다.

⚠ **주의 사항**: 책장에 손을 베이지 않게, 책 모서리에 다치지 않게 주의하세요.

나의 첫 생태도감

식물 편 : 나무

글 **지경옥** | 사진 **지경옥·이기숙**

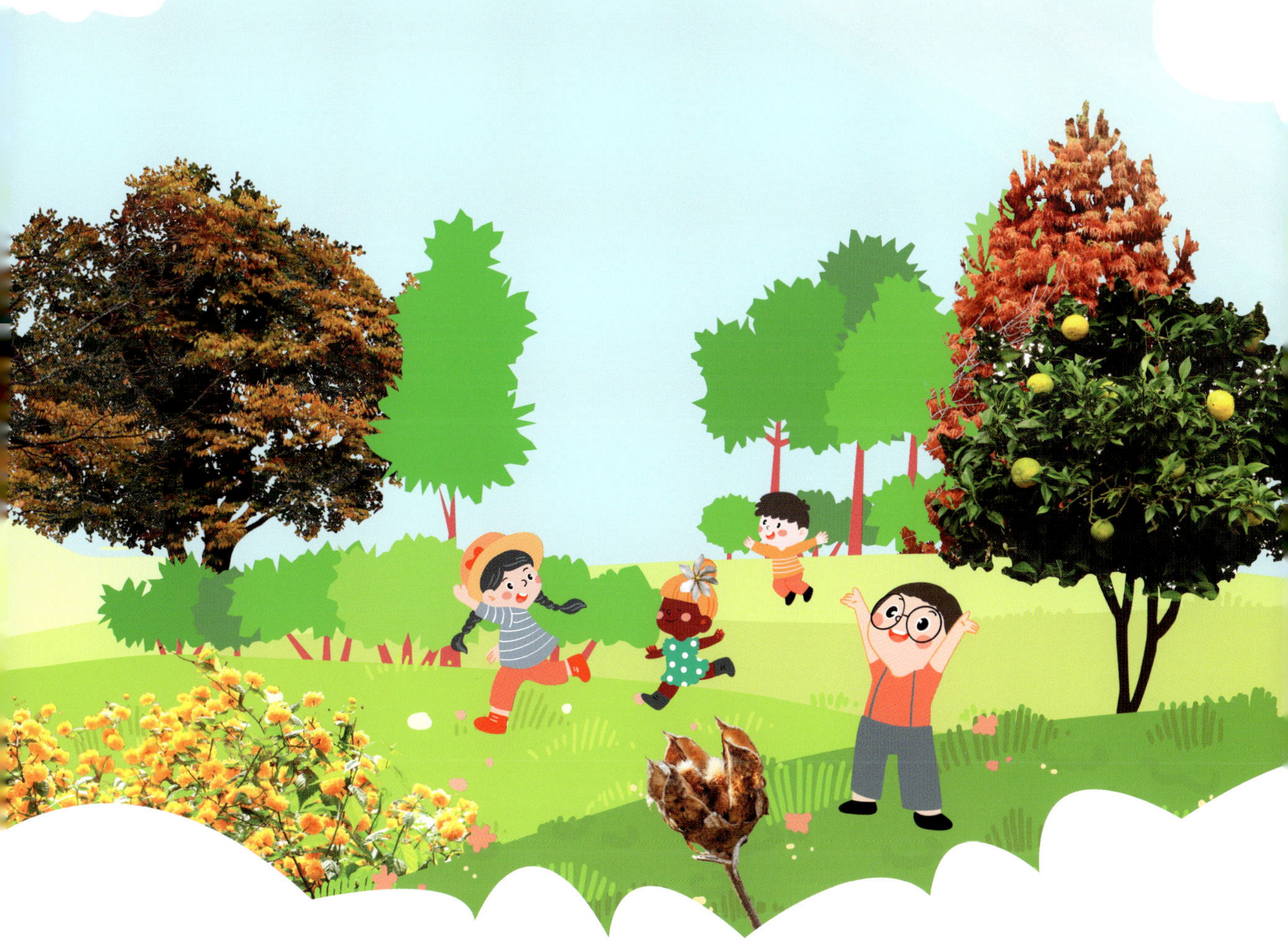

들어가는 글

우리는 하루에도 몇 번씩 길가에 서 있는 가로수나 학교 담장 너머로 늘어선 나무를 만나지만, 그다지 관심을 두지 않고 지나칩니다. 그럼에도 나무는 계절에 따라 새잎이 나오고, 꽃이 피고, 열매를 맺고, 그런 나무에 많은 곤충과 새들이 날아옵니다.

어디 그뿐인가요? 나무는 광합성 작용으로 이산화탄소를 흡수하고 산소를 내뿜어 공기를 깨끗하게 해 줍니다. 매연으로 가득 찬 공기의 오염 물질을 흡수할 뿐만 아니라 뜨거워진 지구의 온도를 낮추고 습도를 높이는 데 도움이 되기도 한답니다.

뭇 생명체의 보금자리일 뿐만 아니라 지구 온난화를 늦추는 데 큰 역할을 하는 나무! 지금부터라도 어린이들이 이러한 자연의 작은 변화에 마음을 열고 반짝반짝 빛나는 눈으로 나무를 바라보았으면 합니다. 나무와의 교감을 통해 자연을 사랑하는 마음과 생명의 소중함을 느끼고 주위의 소중한 사람들과도 그런 마음을 함께 나눌 수 있다면 더없이 좋겠습니다.

이 책에서 실린 나무들은 바로 집 앞, 학교, 동네 공원 또는 여행지에서 쉽게 만날 수 있습니다. 계절에 따라 피어나는 꽃색으로 정리하였고, 그 나무의 특징을 어린이의 눈높이에 맞춰 쉽게 설명하였습니다.

꽃이 좋아 꽃을 키우며 카메라를 들기 시작했는데, 작은 기록들이 모여 어느덧 또 한 권의 책이 만들어졌습니다.

제가 미처 사진으로 담지 못했던 나무들을 이 책에 실을 수 있도록 아낌없이 내어주신 이기숙 선생님, 오랜 기간의 사진 조각들을 모아 훌륭한 책을 완성해 주신 지성사 대표님을 비롯한 지성사 가족에게 진심으로 감사드립니다.

 세상의 모든 풀과 나무의 친구 지 경 옥

일러두기

● **구성과 순서**

〈1부 계절과 꽃의 색깔로 이름 찾기〉 산과 들, 바닷가, 빈터 등 우리가 주변에서 만날 수 있는 나무들이 주인공이에요. 오랜 세월 우리 땅에서 자라난 아름드리 토박이 나무가 있고, 외국에서 들어와 우리 땅에 뿌리내리고 사는 귀화식물도 있지요. 또 뜰이나 꽃밭, 공원에 심는 식물(관상용)도 소개되어 있어요.

2~5월 중순에 꽃이 피는 나무는 봄, 5월 하순~11월에 꽃이 피는 나무는 여름·가을로 나누고, 꽃색에 따라 붉은색, 노란색, 흰색, 녹색 순서로 정리했어요. 물론, 같은 집안의 나무를 함께 모아 놓았지요.

〈2부 생태 특징〉 식물의 이름을 찾기 쉽게 '가나다' 순서로 생태 특징을 간략하게 정리했어요.

● **활용 방법**

❶ 먼저 나무의 꽃이 피는 계절과 꽃의 색을 확인하세요. 꽃이 흰색인 것 같은데 붉은색에 실려 있는 나무도 있을 거예요. 그 이유는 꽃잎의 무늬가 붉은색을 띠고 있거나 시간이 흐르면서 점점 붉은색을 띠기 때문이에요. 다른 색도 마찬가지이지요. 또 붉은색에는 자주색과 보라색이 포함되어 있고, 붉은빛을 띤 갈색도 있어요. 녹색에는 누런빛을 띤 갈색이 포함되어 있지요.

❷ 나무 이름 옆의 기호 '☠'는 독이 있는 나무, '🌿'는 우리나라 고유종(특산종)을 뜻해요.

❸ 나무의 특징을 쉽게 이해할 수 있게 사진과 함께 한 줄로 정리했어요. 더 자세한 설명은 나무 이름 옆에 적힌 쪽수(〈2부 생태 특징〉)에 실려 있어요. 설명 끝에 적힌 숫자는 나무 사진이 있는 쪽수를 가리켜요.

❹ 생김새가 비슷한 나무가 함께 실려 있기도 해요. 하지만 다른 점이 분명히 있을 거예요. 〈2부 생태 특징〉에 뚜렷한 차이점으로 정리했어요.

❺ 아주 오랜 옛날부터 우리 땅에서 살아온 나무는 풀과 마찬가지로 그 이름의 유래를 알 수 없는 예가 많아 아쉽지요. 이름에 담긴 뜻은 국어학자 또는 생물학자들의 의견을 중심으로 밝혔어요.

나무의 형태에 관한 구성

생태 특징 구성

식물은 어떻게 이루어졌을까?

꽃의 구조

식물은 종류에 따라 꽃의 모양과 색깔이 다르지만, 암술·수술·꽃잎·꽃받침 이 네 가지 기관으로 이루어져요. 이 네 가지 기관을 모두 갖추고 있으면 갖춘꽃, 이 가운데 한 가지라도 빠져 있으면 안갖춘꽃이라고 해요.

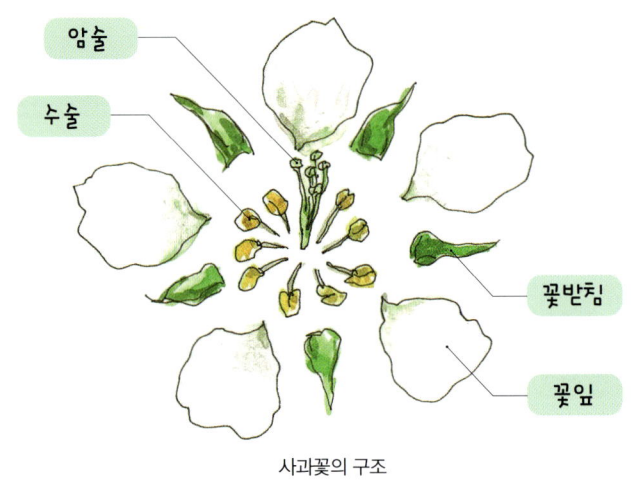

사과꽃의 구조

잎의 구조

잎은 잎몸, 잎자루, 턱잎으로 이루어져 있어요.

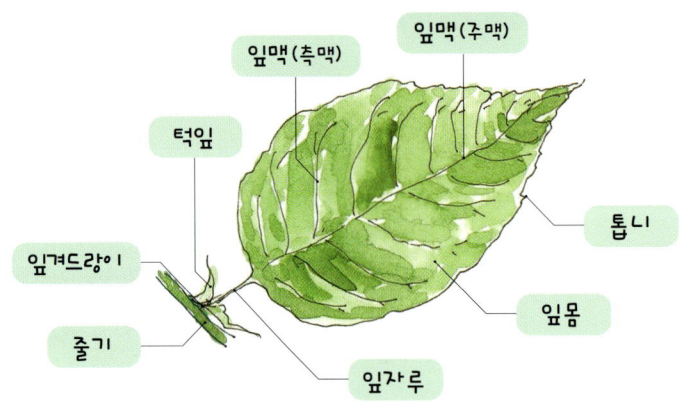

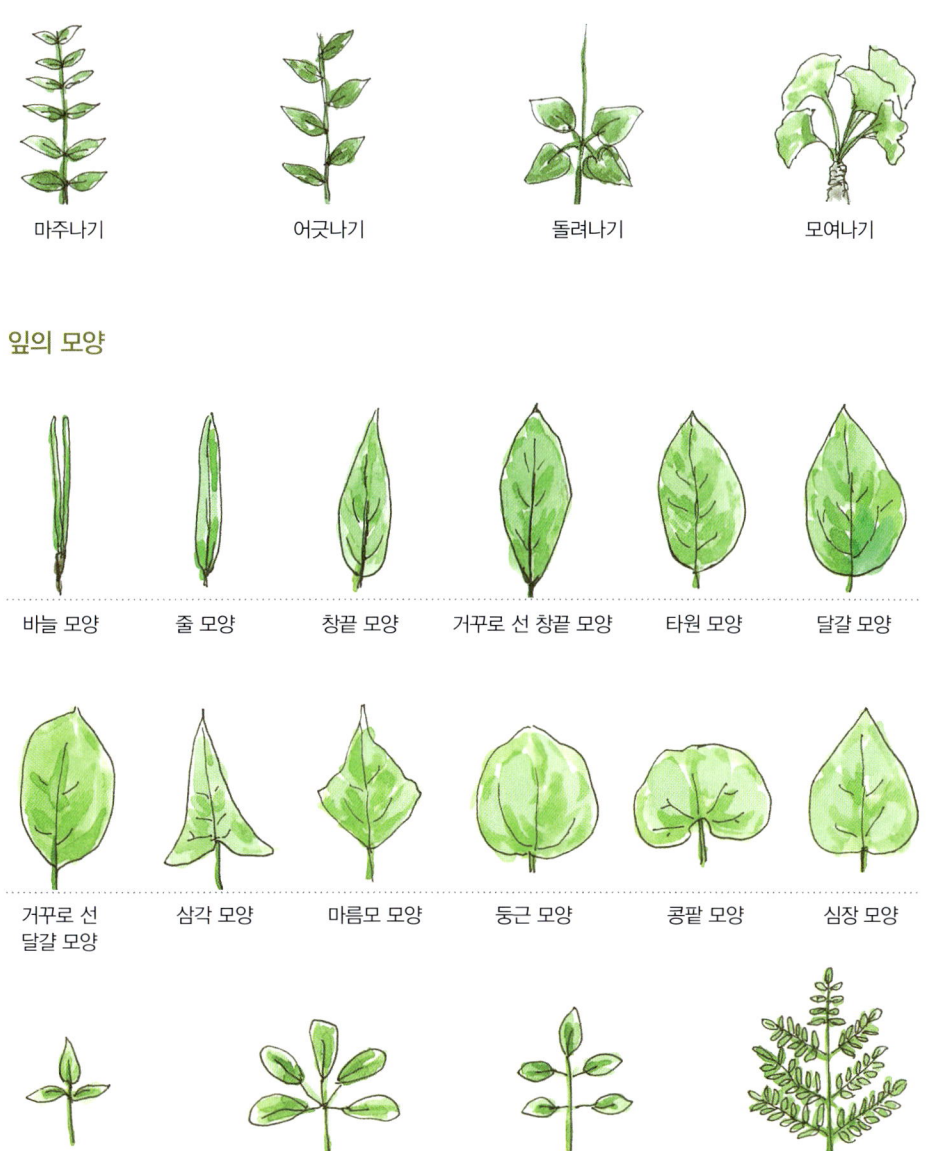

어떻게 이름을 지을까?

　우리나라는 식물 이름을 어떻게 지을까요? 옛날부터 전해 내려오는 이름을 그대로 사용하거나 식물이 사는 곳, 형태, 습성, 크기, 쓰임새, 따위를 헤아려 이름을 지었어요. 이름을 알면 식물이 사는 곳이나 대강의 특성을 알 수 있지요. 예전에 외국에서 들어온 식물은 중국과 일본에서 부르던 이름을 우리말로 풀어서 지었지만, 요즈음에 들어온 식물은 원래 이름을 그대로 쓰거나 학명 또는 원래 이름을 우리말로 풀어서 짓지요.

　식물 이름에는 자라는 곳(갯, 뜰, 물, 산), 진짜(참)와 진짜보다 흔하거나 비슷한 것(개, 나도, 너도), 구조나 특성(가시, 갈퀴, 국수, 만첩, 말, 박쥐, 병, 안개, 화살), 색(은, 청, 백, 황, 붉, 흰), 크기나 자라는 모양(애기, 좀, 말, 왕, 쪽, 졸)을 나타내는 낱말을 앞에 붙여 이름만으로도 그 특징을 한눈에 알아볼 수 있어요.

　이름에 미국이나 중국, 일본 따위가 붙은 식물은 그 나라가 원산지임을 알 수 있으며, 우리 주위에서 흔히 볼 수 있는 사물에 빗대거나 쓰임새에 따라 이름을 붙이기도 했지요.(예 미국담쟁이덩굴, 중국단풍, 일본잎갈나무, 참빗살나무, 작살나무, 차나무)

자라는 곳을 나타내는 낱말

갯　바닷가나 갯벌, 물가에서 자라는 것　예 갯버들
뜰　관상용으로 뜰에 심는 것　예 뜰보리수
물　습기가 많은 물가나 물기가 많은 곳에서 자라는 것　예 물박달나무, 물싸리, 물오리나무
산　산에서 자라는 것　예 산딸기, 산철쭉

진짜와 진짜보다 흔하거나 비슷한 것을 나타내는 낱말

참　진짜라는 뜻　예 참죽나무
개　본디 식물보다 흔하거나 비슷한 것, 또는 좀 덜하다는 뜻　예 개나리, 개다래, 개비자나무
나도, 너도　본디 식물과는 다르지만 비슷하게 생긴 것　예 너도밤나무

구조나 특성을 나타내는 낱말

가시 가시가 있는 것 예)가시나무, 호랑가시나무
갈퀴 갈퀴가 있는 것 예)갈퀴망종화
국수 줄기가 국수처럼 꼬불거리며 길게 밀리는 것 예)국수나무
만첩 꽃이 겹꽃으로 피는 것 예)만첩풀또기
말 식물이 말과 관련 있는 것 예)마가목, 말발도리, 말오줌때, 말채나무
박쥐 잎이 박쥐를 닮은 것 예)박쥐나무
병 꽃이 병 모양을 닮은 것 예)병꽃나무, 병조희풀
안개 식물이 안개가 낀 것처럼 보이는 것 예)안개나무
은, 청, 백, 황 붉, 흰 식물이 은색, 푸른색, 누런색, 붉은색, 흰색을 띠는 것
    예)은사시나무, 청가시덩굴, 백목련, 황매화, 붉나무, 흰말채나무
화살 줄기에 코르크질의 날개가 화살과 비슷한 것 예)화살나무

크기나 모양을 나타내는 낱말

애기, 좀 크기가 작은 것 예)아그배나무, 애기동백나무, 좀깨잎나무, 좀작살나무
졸 본디 식물보다 열매 따위가 작은 것 예)졸참나무
땅 땅에 붙어서 자라는 것 예)땅비싸리
왕, 큰 크기나 키가 큰 것 예)대왕참나무, 왕버들, 왕벚나무, 큰꽃으아리
줄 식물이 줄처럼 길게 뻗어 자라는 것 예)줄딸기, 줄사철나무
쪽 열매 크기가 작은 것 예)쪽동백나무

용어 설명

- **겹꽃** 꽃잎이 여러 장 겹쳐 있는 꽃
- **겹잎** 잎자루에 작은 잎이 여러 장 달려 하나의 잎을 이룸. 모양이 여러 가지 있음
- **겹톱니** 잎 가장자리에 생긴 톱니를 따라 다시 자잘한 톱니가 생겨 이중으로 된 톱니
- **공기뿌리(기근)** 식물의 땅위줄기와 땅속에 있는 뿌리에서 뻗어 나와 공기 중에 드러난 뿌리. 쓰임새에 따라 지지뿌리, 부착뿌리, 흡수뿌리, 호흡뿌리 따위로 나뉨
- **과수용** 나무에서 열매를 얻으려고 기르는 식물
- **과육** 열매에서 씨를 둘러싸고 있는 살
- **관상용** 보면서 즐기기 위해 심어서 기르는 식물
- **깍정이** 밤나무, 떡갈나무 따위(참나무과에 속하는 나무)의 열매를 싸고 있는 술잔 모양의 받침
- **껍질눈** 나무줄기나 가지, 뿌리에 코르크 조직이 만들어진 후에 기공(숨구멍) 대신 공기의 통로가 되는 조직. 한자어로 '피목'이라고 함
- **꼬투리** 콩과 식물에서 씨앗을 싸고 있는 껍질
- **꽃대** 꽃자루를 하나 또는 여러 대 달고 있는 줄기. 꽃자루는 꽃과 꽃차례의 중심축
- **꽃덮개** 꽃부리와 꽃받침의 구별이 없는 꽃에서 이 둘을 통틀어 이르는 말. 암술과 수술을 둘러싸서 보호하는 부분. 한자어로 '화피'라고 함.
- **꽃받침** 꽃의 가장 바깥에서 꽃잎을 받치고 있는 꽃의 보호 기관
- **꽃밥** 수술 끝에 붙어 꽃가루를 만드는 주머니 모양의 기관
- **꽃싸개** 꽃대 아래나 꽃자루 아래를 받치고 있는 비늘 모양의 잎. 한자어로 '포엽'이라고 함
- **꽃차례** 꽃대가 갈라진 모양에 따라 꽃이 달려 있는 상태
- **꽃턱** 속씨식물 꽃의 모든 기관(꽃잎과 꽃받침, 수술, 암술)이 붙어 있는 부분. 꽃자루 맨 끝에 있으며 다른 부분보다 두툼하고 주로 녹색을 띰
- **대목** 나무의 품종을 개량하거나 번식하기 위해 나무에 다른 나무의 가지나 눈을 따다가 붙이기(접목)를 할 때 뿌리가 있어 바탕이 되는 나무
- **덩굴** 길게 뻗어 나가면서 땅바닥에 퍼지거나 다른 것을 감기도 하는 식물의 줄기
- **덩굴손** 잎이나 가지가 변해 다른 물체를 감아 식물체를 고정시키는 역할을 하는 기관
- **땅속줄기** 땅속에 있는 줄기로, 모양에 따라 이름이 다름
- **모인꽃싸개** 잎이 변해 열매의 밑동을 싸고 있는 비늘 같은 조각을 가리키며, 한자어로 '총포'라고 함

- **사방용** 산, 강가, 바닷가 따위에서 흙, 모래, 자갈 따위가 비나 바람에 씻기어 무너져서 떠내려 가는 것을 막기 위하여 시설하는 일에 쓰임. 사방은 모래막이, 사태막이라고도 함
- **샘점** 액체 따위를 내보내는 세포가 있는 점으로 흔히 잎 뒷면이나 톱니 부분에 있음
- **샘털** 식물과 곤충의 몸 겉쪽에 있는 털의 하나. 식물에서는 줄기, 잎, 꽃, 포 따위에 있으며 끈끈한 액체 따위를 내보냄. 한자어로 '선모'라고 함
- **암수딴그루** 암꽃과 수꽃이 다른 그루(나무)에서 피는 것. 한자어로 '자웅이주'라고 함
- **암수한그루** 암꽃과 수꽃이 한 그루(나무)에서 피는 것. 한자어로 '자웅동주'라고 함
- **잎겨드랑이** 줄기나 가지의 잎자루 사이의 위쪽 모서리 부분. 한자어로 '엽액'이라고 함
- **잎맥** 잎의 형태를 유지해 주고, 물과 영양분의 이동 통로 역할을 하는 부분
- **자생** 식물이 저절로 나서 자라는 것. 자라는 곳은 자생지
- **재배종** 야생에서 자라는 종과 달리 사람이 키우는 종
- **접목** 나무의 품종을 개량하거나 번식하기 위해 한 나무에 다른 나무의 가지나 눈을 따다 붙이는 것
- **정자** 경치가 좋은 곳에 놀거나 쉬기 위하여 지은 집. 벽이 없고 기둥과 지붕만 있음
- **조림용** 나무를 심거나 씨를 뿌리는 인위적인 방법으로 숲을 만드는 데 쓰임. 또는 이미 있는 숲을 손질하거나 다시 살리는 등의 관리를 하는 데 쓰임
- **주맥** 잎 한가운데 있는 가장 굵은 잎맥이며, 잎의 중심 맥
- **쪽꼬투리 열매** 껍질이 터져서 씨가 밖으로 나오는 열매 중에서 열매가 터지는 선(봉선)이 한 줄 있는 것을 가리킴(예: 목련). 콩과 식물은 봉선이 두 줄 있음
- **측맥** 주맥에서 양옆으로 뻗어나간 잎맥
- **코르크** 굴참나무 따위에서, 식물 세포의 세포벽에 식물 보호 조직이 모여 싸인 세포층. 죽은 세포로, 세포벽에 밀랍 같은 물질이 있어 물과 기체가 스며들지 못함
- **턱잎** 잎자루 밑에 붙은 작은 잎 한 쌍으로, 눈이나 잎이 어릴 때 이를 보호하는 구실을 함. 한자어로 '탁엽'이라고 함
- **햇가지** 그해에 새로 나서 자란 가지
- **향유** 향기로운 냄새가 나는 기름
- **허브** 예로부터 약이나 향료로 써 온 식물
- **홑꽃** 꽃잎이 하나로 이루어진 꽃

 우리가 자주 접하는 꽃차례를 사진과 함께 살펴보기로 해요.

총상꽃차례	포도송이처럼 긴 꽃대에 작은 꽃줄기의 꽃이 어긋나게 붙어서 아래에서 위쪽으로 피어 올라가는 꽃차례 예 냉이, 금낭화		냉이
수상꽃차례	가늘고 긴 꽃대에 작은 꽃들이 빽빽하게 이삭 모양으로 달리는 꽃차례 예 질경이, 여뀌, 밀, 보리		질경이
산방꽃차례	중심 꽃대에서 길이가 다른 작은 꽃줄기들이 편평한 방석 모양으로 둥글게 펼쳐져 달리는 꽃차례 예 개망초		개망초
산형꽃차례	중심 꽃대에 길이가 같은 작은 꽃줄기들이 우산살 모양으로 갈라져 그 끝에 하나씩 달리는 꽃차례 예 미나리		미나리
취산꽃차례	꽃 밑에서 각각 작은 꽃자루가 한 쌍씩 나와 그 끝에 꽃이 한 송이씩 달리는 꽃차례 예 미나리아재비, 돌단풍		돌단풍
원추꽃차례	작은 총상꽃차례들이 모여 전체적으로 꽃이 원뿔 모양을 이루며 달리는 꽃차례 예 노루오줌		노루오줌
두상꽃차례	꽃대 끝에 여러 송이의 꽃이 한 송이처럼 머리 모양으로 둥글게 모여 피는 꽃차례 예 엉겅퀴		엉겅퀴

차례

들어가는 글 5 / 일러두기 6 / 용어 설명 12

 **1부** **계절과 꽃색으로 이름 찾기**

봄에 꽃이 피는 나무 … 19
　붉은색 20 / 노란색 55 / 흰색 102 / 녹색 152

여름·가을에 꽃이 피는 나무 … 183
　붉은색 184 / 노란색 204 / 흰색 219 / 녹색 245

 **2부** **생태 특징**

ㄱ … 258　ㄴ … 266　ㄷ … 269　ㄹ … 273　ㅁ … 274
ㅂ … 279　ㅅ … 285　ㅇ … 291　ㅈ … 299　ㅊ … 303
ㅋ … 306　ㅌ … 306　ㅍ … 307　ㅎ … 309

처음 만나는 사이라도

서로의 이름을 불러주면 쉽게 가까워지는 것처럼,

식물의 이름을 알고 부르다 보면 그 식물이

더 사랑스럽게 느껴지지요.

1부

계절과 꽃 색으로 이름 찾기

봄에 꽃이 피는 나무

붉은색 20쪽

노란색 55쪽

흰색 102쪽

녹색 152쪽

양버들 »293

- 버드나무과 | 높이 30m | 낙엽 지는 넓은잎 큰키나무
- 유럽 원산, 길가나 강가

🟢 빗자루 모양으로 자란다. '포플러'라고도 한다. 잎의 가로가 세로보다 길다.

이태리포플러 »298

- 버드나무과 | 높이 30m | 낙엽 지는 넓은잎 큰키나무
- 캐나다 원산, 길가나 강가

🟢 양버들보다 가지가 옆으로 퍼지며 빠르게 자란다. 잎 모양이 양버들과는 달리 세로가 더 길다.

울퉁불퉁 나무줄기

은사시나무 »297

- 버드나무과 | 높이 20m | 낙엽 지는 넓은잎 큰키나무
- 길가나 산

🌿 암수딴그루로 4월에 꽃이 꼬리 모양으로 핀다. 줄기는 밝은 회색이며 껍질눈이 마름모꼴이다.

🌿 잎 뒷면에 흰색 털이 빽빽하여 흰색으로 보인다. 꼬리 모양의 열매는 5월에 익고, 씨앗에 솜털이 붙어 있어 바람에 날린다.

🌿 비슷한 종 **사시나무**는 줄기 껍질눈이 촘촘하지 않으며, 잎 뒷면에 흰색 털이 없이 녹색을 띤다.

닥나무 »269

- 뽕나무과 | 높이 3m | 낙엽 지는 넓은잎 작은키나무
- 산기슭이나 밭둑

- 붉은색 꽃이삭이 달린 암꽃은 가지 윗부분 잎겨드랑이, 수꽃은 어린 가지 아랫부분에 달린다. 열매는 산딸기와 비슷하다.

- 비슷한 종 **꾸지나무**는 암수딴그루이며 잎에 털이 많고 잎자루와 수꽃 이삭이 길다.

꾸지나무 열매

계수나무 »261

- 계수나무과 | 높이 25~30m | 낙엽 지는 넓은잎 큰키나무
- 일본 원산, 관상용으로 정원이나 공원

● 잎자루가 붉은색이며 잎은 가을에 노란색으로 단풍이 들고 잎이 떨어져 발효되면 달콤한 냄새가 난다. 왼쪽은 수꽃, 오른쪽은 암꽃이다.

열매 　　　　　　　달걀 모양의 잎 　　　　　　　노란색으로 물든 잎

모란 »277

- 작약과 | 높이 2m | 낙엽 지는 넓은잎 작은키나무
- 중국 원산, 관상용으로 정원이나 공원

털이 있는 열매

흰색 꽃

● 흰색이나 붉은색 꽃이 핀다. 꽃 모양이 작약을 닮았다.

으름덩굴 »296

- 으름덩굴과 | 길이 5m | 낙엽 지는 넓은잎 덩굴나무
- 산이나 들

달걀 모양의 잎

● 작은 수꽃과 큰 암꽃이 함께 핀다. 달걀 모양의 잎 5~6장이 손바닥 모양으로 모여 달린다.   기다란 타원 모양의 열매 속 흰색 과육

자주목련 »299

- 목련과 | 높이 15m | 낙엽 지는 넓은잎 큰키나무
- 중국 원산, 관상용으로 정원이나 공원

🟢 꽃잎 안쪽은 흰색, 바깥쪽은 붉은빛을 띤 자주색이다.

보송보송한 털이 있는 겨울눈

조록나무 »300

- 조록나무과 | 높이 10~20m | 늘푸른 큰키나무
- 남부 지방 섬의 산기슭

🟢 잎은 긴 타원 모양으로 도톰하고 반질반질하다. 잎이나 어린 가지에 자루 모양의 벌레집이 많이 생긴다.

꽃

벌레집과 뿔이 달린 열매

풍나무 »308

- 조록나무과 | 높이 20~25m | 낙엽 지는 넓은잎 큰키나무
- 중국 원산, 관상용으로 정원이나 공원

● 가지 위쪽으로 수꽃, 아래쪽으로 암꽃이 핀다.

● 잎이 3갈래로 갈라지고 둥그런 열매는 부드러운 가시털로 덮여 있다.

● 비슷한 종인 **미국풍나무**는 줄기와 가지에 코르크질의 날개가 있고, 잎이 손바닥 모양으로 5갈래로 갈라진다.

양버즘나무 »293

- 버즘나무과 | 높이 40~50m | 낙엽 지는 넓은잎 큰키나무
- 북아메리카 원산, 가로수나 정원

암꽃　　수꽃

열매　　버즘(버짐)이 핀 것 같은 줄기

● 어두운 갈색 줄기에 껍질이 군데군데 벗겨져 얼룩무늬를 이룬다. '플라타너스'라고도 한다.

복분자딸기 »282

- 장미과 | 높이 3m | 낙엽 지는 넓은잎 작은키나무
- 남부 지방의 산기슭이나 들

● 가시가 있는 줄기는 자줏빛 또는 붉은빛을 띠고, 새로 난 가지는 흰색 가루로 덮여 있다.

흰색 가루로 덮인 줄기

멍석딸기 »276

- 장미과 | 높이 30cm | 낙엽 지는 넓은잎 작은키나무
- 산기슭이나 들

● 잎 뒷면에 흰색 털이 빽빽하여 흰색으로 보인다. 분홍색 꽃이 모여 핀다.

열매

줄딸기 »302

- 장미과 | 높이 2m | 낙엽 지는 넓은잎 작은키나무
- 산이나 들

● 작은 잎 5~9장이 깃털 모양으로 모여 달린다. 연분홍색 꽃이 피고 꽃자루에 가시가 있다.

열매

덩굴장미 »271

- 장미과 | 길이 5m | 낙엽 지는 넓은잎 덩굴나무
- 관상용으로 정원이나 공원

노란색 꽃

흰색 꽃

● 4~5월에 햇가지 끝에서 꽃이 핀다. 덩굴로 자라며 여러 색의 꽃이 핀다.

해당화 »309

- 장미과 | 높이 1.5m | 낙엽 지는 넓은잎 작은키나무
- 바닷가의 모래땅

🟢 잎은 도톰하고 주름이 많다. 가지 끝에서 진한 분홍색 꽃이 핀다. 흰색 꽃이 피는 **흰해당화**도 있다.

🟢 줄기에 납작한 가시와 바늘 모양의 가시가 함께 난다. 열매가 붉은색으로 익는다.

이스라지 »297

- 장미과 | 높이 1~1.5m | 낙엽 지는 넓은잎 작은키나무
- 숲 가장자리나 계곡

🟢 타원형의 잎끝이 길고 뾰족하다. 흰색 또는 연한 붉은색 꽃이 핀다.

꽃

열매

산옥매 »287

- 장미과 | 높이 1.5m | 낙엽 지는 넓은잎 작은키나무
- 중국 원산, 관상용으로 정원이나 공원

🟢 이스라지보다 꽃자루가 짧고 잎 모양이 좁고 길쭉하다. 연한 붉은색 또는 흰색 꽃이 핀다.

꽃

열매

살구나무 »287

- 장미과 | 높이 5m | 낙엽 지는 넓은잎 작은키나무
- 중국 원산으로 집 근처

🌿 연한 분홍색 꽃은 꽃자루가 거의 없고, 꽃받침이 뒤로 젖혀진다.

🌿 겉에 털이 있는 열매는 6~7월에 노란색 또는 연한 노란빛을 띤 분홍색으로 익는다.

나무줄기

복사나무 »282

- 장미과 | 높이 6m | 낙엽 지는 넓은잎 작은키나무
- 중국 원산으로 집 근처

꽃

열매

- 가느다란 가지는 햇빛이 닿는 쪽은 자주색, 반대쪽은 초록색을 띤다. 열매는 복숭아다.

천도복숭아 열매

- 비슷한 종인 **천도복숭아**는 열매에 털이 없다.

꽃이 겹꽃으로 피는 **만첩홍도**

꽃이 겹꽃으로 피는 **만첩백도**

명자나무 (명자꽃) »276

- 장미과 | 높이 1~2m | 낙엽 지는 넓은잎 작은키나무
- 울타리나 관상용

노랗게 익는 열매

가지가 변한 가시

● 줄기는 검은빛을 띤 자주색이다. 붉은색, 흰색, 분홍색 꽃이 핀다.

만첩풀또기 »274

- 장미과 | 높이 3m | 낙엽 지는 넓은잎 작은키나무
- 북부 지방

잎끝이 뾰족하거나 잘린 모양

홑꽃으로 피는 **풀또기** 꽃

● 풀또기의 원예 품종으로 분홍색 겹꽃이 피며, 꽃이 아름다워 풀또기보다 많이 심는다.

모과나무 »276

- 장미과 | 높이 10m | 낙엽 지는 넓은잎 큰키나무
- 중국 원산, 관상용으로 정원이나 공원

🌱 가지 끝에서 분홍색 꽃이 한 송이씩 핀다.

껍질이 벗겨져 얼룩무늬로 보이는 줄기

🌱 타원 모양으로 9~10월에 노랗게 익는 열매는 매우 딱딱하고 향기가 좋다.

열매에 털이 있는 **털모과**

홍자단 »310

- 장미과 | 높이 1m | 낙엽 지는 넓은잎 작은키나무
- 중국 원산, 관상용으로 정원이나 공원

● 가지는 길게 자라 아래로 처진다. 작은 잎이 반들거린다. 둥근 열매는 10월에 붉은색으로 익으며, 겨울에도 달려 있다.

박태기나무 »279

- 콩과 | 높이 3~5m | 낙엽 지는 넓은잎 작은키나무
- 중국 원산, 관상용으로 정원이나 공원

기다랗고 납작한 꼬투리 모양의 열매

심장 모양의 잎

● 잎보다 먼저 자줏빛을 띤 붉은색 꽃이 묵은 가지의 잎겨드랑이에서 7~8송이씩 모여 핀다.

등(등나무) »272

- 콩과 | 길이 10m 이상 | 낙엽 지는 덩굴나무
- 산이나 들, 정원

● 줄기는 다른 물체를 감으면서 자란다. 나비 모양의 연한 자주색 꽃이 송이송이 기다랗게 모여 핀다.

열매가 터지면 씨앗이 튕겨 나온다.

다른 물체를 감아 올라가며 자라는 줄기

흰색 꽃이 피는 **흰등**

땅비싸리 »272

- 콩과 | 높이 1m | 낙엽 지는 넓은잎 작은키나무
- 숲 가장자리나 길가

잎끝에 바늘 모양의 돌기가 있다. 가지 끝에서 연한 붉은빛을 띤 자주색 꽃이 모여 핀다.

꽃

꼬투리에 싸인 원기둥 모양의 열매

족제비싸리 »300

- 콩과 | 높이 3m | 낙엽 지는 넓은잎 작은키나무
- 북아메리카 원산, 헐벗은 산이나 강둑

가지 끝에서 짙은 자주색 꽃이 꼬리 모양으로 빽빽하게 모여 핀다.

굽은 타원 모양의 열매

자른 줄기에서 나오는 붉은색 즙

멀구슬나무 »275

- 멀구슬나무과 | 높이 15m | 낙엽 지는 넓은잎 큰키나무
- 남부 지방의 낮은 지대

● 가지가 사방으로 퍼지며 자란다. 작은 잎 여러 장이 모여 달린 잎이 다시 2~3장씩 모여 달리는 겹잎이다.

● 햇가지 끝에서 연한 보랏빛을 띤 꽃들이 원뿔 모양으로 모여 핀다.

노란색으로 익은 뒤 쭈글쭈글해지고 이듬해 봄까지 달려 있는 열매

굴거리나무 »263

- 굴거리나무과 | 높이 3~10m | 늘푸른 넓은잎 큰키나무
- 남부 지방의 산기슭

● 어긋나기 하는 잎이 가지 끝에서 모여난 것처럼 보인다. 잎자루가 붉은색이다.

수꽃

암꽃

가지 끝에서 모여 난 것처럼 보이는 잎

● 열매는 9~11월에 검은빛을 띤 자주색으로 익는다.

굴거리나무보다 잎이 작은 **좀굴거리나무** 잎

단풍나무 »269

- 무환자나무과 | 높이 15m | 낙엽 지는 넓은잎 큰키나무
- 산, 관상용으로 정원이나 공원

● 4~5월에 꽃이 핀다. 꽃잎은 없거나 2~5장으로 흔적만 남아 있다.   줄기

마치 손바닥을 펼친 듯 5~7갈래로 갈라지는 잎   긴 타원 모양의 날개가 있고, 2개가 붙어 있는 열매

붉게 물든 단풍잎   잎이 봄부터 가을까지 붉은 **홍단풍**

세열단풍 »289

- 무환자나무과 | 높이 10m | 낙엽 지는 넓은잎 작은키나무
- 일본 원산, 정원이나 공원

- 잎은 7~11갈래로 갈라지고, 갈래 조각이 다시 가늘게 갈라진다.

꽃

긴 타원 모양의 날개가 있는 열매

꽃단풍 »265

- 무환자나무과 | 높이 15m | 낙엽 지는 넓은잎 큰키나무
- 일본 원산, 정원이나 공원

- 잎끝이 뾰족하고 가장자리는 톱니 모양이다. 잎은 3갈래로 갈라진다.

수꽃

암꽃

은단풍 »297

- 무환자나무과 | 높이 40m | 낙엽 지는 넓은잎 큰키나무
- 북아메리카 원산, 공원이나 정원

은색인 잎 뒷면

단풍나무 열매보다 큰 은단풍 열매

● 잎이 5갈래로 갈라지고 가장자리가 톱니 모양이다. 그 잎들이 다시 얕게 갈라지며 잎끝이 뾰족하다.

당단풍나무 »270

- 무환자나무과 | 높이 10~20m | 낙엽 지는 넓은잎 작은키나무
- 산

수술만 있는 수꽃과 날개가 보이는 암꽃

열매

● 단풍나무보다 잎이 크며, 잎끝이 7~11갈래로 갈라지고 잎 뒷면에 잎맥을 따라 털이 있다.

동백나무 »271

- 차나무과 | 높이 7m | 늘푸른 넓은잎 작은키나무
- 남부 지방의 산기슭

잎이 도톰하고 반들거린다. 11월에서 이듬해 4월까지 붉은색 꽃이 핀다.

9~10월에 붉은색으로 익는 열매

기름으로 짜서 사용하는 갈색 씨앗

흰색 꽃이 피는 **흰동백나무**

겹꽃으로 피는 동백나무 원예 품종

서향(서향나무) »288

- 팥꽃나무과 | 높이 1m | 늘푸른 작은키나무
- 중국 원산, 남부 지방에서 관상용으로 정원이나 공원

흰색 꽃이 피는 **백서향**(백서향나무)

백서향(백서향나무) 열매

🟢 3~4월에 흰색이나 노란빛을 띤 자주색 꽃이 핀다. 향기가 진하다.

팥꽃나무 »307 ☠

- 팥꽃나무과 | 높이 1m | 낙엽 지는 넓은잎 작은키나무
- 바닷가 근처의 산기슭이나 숲 가장자리

마주나기 하는 잎

겨울눈

🟢 3~5월에 잎보다 먼저 지난해의 가지 끝에서 붉은빛을 띤 연한 보라색 꽃이 3~7송이씩 모여 핀다. 꽃에 독이 있다.

식나무 »291

- 가리아과 | 높이 3m | 늘푸른 넓은잎 작은키나무
- 남부 지방의 바닷가

수꽃

암꽃

열매

🌿 잎은 긴 타원 모양으로 끝이 뾰족하고 반들거린다.

금식나무 »264

- 가리아과 | 높이 3m | 늘푸른 넓은잎 작은키나무
- 중부 이남의 바닷가와 섬 지방

암꽃

붉은색으로 익는 열매

🌿 잎은 반들거리고 도톰하며, 가장자리는 굵은 톱니 모양이다. 잎에 노란색 점들이 있다.

석류나무 »289

- 석류나무과 | 높이 4~10m | 낙엽 지는 넓은잎 작은키나무
- 서남아시아 원산, 관상용으로 정원이나 공원

꽃

꽃받침조각이 붙어 있는 열매

🟢 5~7월에 가지 끝에서 주홍색 꽃이 핀다. 통 모양에 끝이 6갈래로 갈라진다.

영산홍 »293 ☠

- 진달래과 | 높이 30~90cm | 늘푸른 넓은잎 작은키나무
- 일본 원산, 관상용으로 정원이나 공원

🟢 붉은색, 분홍색, 흰색 꽃이 핀다. 꽃의 크기가 산철쭉보다 작고 독성이 있다.

🟢 잎이 산철쭉보다 크기가 작고 도톰하다. 겨울에도 떨어지지 않는 잎이 많다.

진달래 »302

- 진달래과 | 높이 2~3m | 낙엽 지는 넓은잎 작은키나무
- 산

꽃

잎

🌱 3~4월에 잎보다 먼저 분홍색 꽃이 핀다. 잎을 비비면 독특한 냄새가 난다.

🌱 열매는 원기둥 모양이며 11월에 짙은 갈색으로 익는다. 익은 열매는 5갈래로 터진다.

겨울눈

흰색 꽃이 피는 **흰진달래**

철쭉 »304 ☠

- 진달래과 | 높이 2~5m | 낙엽 지는 넓은잎 작은키나무
- 산

🟢 4~6월에 잎과 함께 가지 끝에서 연한 분홍색 꽃이 핀다. 산철쭉보다 잎이 크고 꽃에 독이 있다.   꽃

열매

겨울눈

🟢 잎은 가지 끝에서 5장씩 모여 난다.

산철쭉 »287 ☠

- 진달래과 | 높이 1~2m | 낙엽 지는 넓은잎 작은키나무
- 산

🟢 4~5월에 잎과 함께 가지 끝에서 연한 자주색 꽃이 핀다. 꽃봉오리와 꽃받침이 끈적끈적하다. 독이 있다.

🟢 잎은 좁고 긴 타원 모양이며, 끝이 뾰족하고 가장자리가 밋밋하다.　　　　　겨울눈과 열매

흰색 꽃이 피는 **흰산철쭉**　　　　　겹꽃이 피는 **겹산철쭉**

라일락 (서양수수꽃다리) »273

- 물푸레나무과 | 높이 3~7m | 낙엽 지는 넓은잎 작은키나무
- 동유럽 원산, 관상용으로 정원이나 공원

잎

열매

- 4~5월에 가지 끝에서 보라색 또는 흰색의 작은 꽃이 원뿔 모양으로 모여 핀다. 향기가 좋다.

흰꽃 라일락

우리나라에서 자라지만 만나기 힘든 **수수꽃다리**

라일락보다 잎과 꽃이 작은 **미스김라일락**

오동나무 »294

- 오동나무과 | 높이 15~20m | 낙엽 지는 넓은잎 큰키나무
- 계곡 주변의 낮은 곳

● 5~6월에 가지 끝에서 고개 숙인 연한 보라색 꽃이 원뿔 모양으로 핀다. 향기가 좋다.

끝이 뾰족한 열매

갈색 털이 빽빽한 꽃눈

옅은 갈색 줄기

붉은병꽃나무 »283

- 인동과 | 높이 2~3m | 낙엽 지는 넓은잎 작은키나무
- 산

5~6월에 잎겨드랑이에서 나팔 모양의 붉은색 꽃이 1~3송이씩 고개를 숙이고 모여 핀다.

일본병꽃나무

일본삼색병꽃나무　　꽃병꽃나무 '나나 바리에가타'　　붉은병꽃나무 '알렉산드라'

올괴불나무 »295

- 인동과 | 높이 1m | 낙엽 지는 넓은잎 작은키나무
- 산

꽃밥이 붉은색인 수술

3~4월에 지난해의 가지 끝에서 연한 노란빛을 띤 흰색이나 연한 붉은색 꽃이 잎보다 먼저 핀다.　　5~6월에 붉은색으로 익는 열매

5월에 꽃이 피는 **분홍괴불나무**

빨갛게 익는 분홍괴불나무 열매

버드나무 »281

- 버드나무과 | 높이 20m | 낙엽 지는 넓은잎 큰키나무
- 물가 근처나 들

암꽃

흰색 털로 둘러싸인 열매

● 잎은 좁고 긴 타원 모양이며 양 끝이 뾰족하다. 가장자리에 날카로운 톱니가 있다.

능수버들 »269

- 버드나무과 | 높이 20m | 낙엽 지는 넓은잎 큰키나무
- 물가, 호숫가 근처

수꽃

● 4월에 잎과 함께 꽃이 핀다. 가지가 아래로 길게 늘어진다.

좁고 길며, 끝이 뾰족한 잎

암꽃

용버들 »295

- 버드나무과 | 높이 10m | 낙엽 지는 넓은잎 큰키나무
- 중국 원산, 물가 근처나 들

수꽃
암꽃

● 원줄기와 큰 가지는 위로 향하지만 1년생 가지는 아래를 향하고 구불구불하다.

왕버들 »295

- 버드나무과 | 높이 20m | 낙엽 지는 넓은잎 큰키나무
- 습지나 냇가

꼬리 모양으로 핀 수꽃
5~6월에 익는 열매

● 버드나무보다 크다. 잎은 타원 모양이며 새잎은 붉은빛을 띤다.

갯버들 ▶261

- 버드나무과 | 높이 2~3m | 낙엽 지는 넓은잎 작은키나무
- 냇가

🟢 뿌리 근처에서 가지가 많이 나와 자란다.

수꽃

원기둥 모양으로 피어나는 암꽃

🟢 잎은 좁은 타원 모양이며, 열매에 달걀 모양의 씨앗이 붙어 있다.

흰색 털이 붙어 있는 씨앗

굴피나무 »264

- 가래나무과 | 높이 12m | 낙엽 지는 넓은잎 큰키나무
- 숲 가장자리

- 작은 잎 7~19장이 깃털 모양으로 모여 달린다. 열매는 타원 모양이며 솔방울을 닮았다.

수꽃

긴 타원 모양의 암꽃

중국굴피나무 »302

- 가래나무과 | 높이 10m | 낙엽 지는 넓은잎 큰키나무
- 중국 원산, 관상용으로 공원

- 작은 잎 9~25장이 깃털 모양으로 모여 달리고 잎줄기에 날개가 있다.

날개가 있는 잎줄기

아래로 늘어진 열매

오리나무 »294

- 자작나무과 | 높이 20m | 낙엽 지는 넓은잎 큰키나무
- 산과 들

● 잎의 측맥이 7~11쌍으로 비슷한 종 사방오리와 구별된다. 수꽃은 아래로 늘어진 꼬리 모양, 암꽃은 달걀으로 핀다. 열매는 붉은빛을 띤 갈색으로 익는다.

사방오리 »285

- 자작나무과 | 높이 7m | 낙엽 지는 넓은잎 작은키나무
- 일본 원산, 주로 산지에 사방용

암꽃(위)과 수꽃(아래)

● 오리나무보다 측맥 수가 많다. 오래된 줄기는 껍질이 작은 조각으로 갈라져 떨어져 나간다.

타원 모양의 열매

물오리나무 »278

- 자작나무과 | 높이 20m | 낙엽 지는 넓은잎 큰키나무
- 산골짜기

누런빛을 띤 갈색 수꽃과 붉은색의 암꽃

붉은빛을 띤 갈색 열매

🟢 오리나무보다 잎이 넓고 얕게 갈라진다.

박달나무 »279

- 자작나무과 | 높이 30m | 낙엽 지는 넓은잎 큰키나무
- 산

🟢 껍질이 잘 벗겨지지 않지만, 오래되면 작은 조각으로 떨어진다. 긴 원기둥 모양으로 열매가 익는다.

물박달나무 »278

- 자작나무과 | 높이 20m | 낙엽 지는 넓은잎 큰키나무
- 산

꼬리 모양의 수꽃

암꽃

● 껍질이 얇게 벗겨진다. 위로 곧게 피는 암꽃은 열매로 자라면서 아래로 늘어진다.

자작나무 »299

- 자작나무과 | 높이 25m | 낙엽 지는 넓은잎 큰키나무
- 북부 지방의 깊은 산

옆으로 뻗는 암꽃과 아래로 늘어지는 수꽃

자라면서 아래로 늘어지는 열매

● 부드러운 줄기는 회색빛이 도는 흰색이다. 마치 종이처럼 껍질이 얇게 벗겨진다.

까치박달 »265

- 자작나무과 | 높이 15m | 낙엽 지는 넓은잎 큰키나무
- 산

● 잎이 주름진 것처럼 보인다. 꼬리 모양의 수꽃과 원기둥 모양의 암꽃이 아래로 늘어져 핀다. 열매는 원기둥 모양이며 열매 싸개가 씨앗을 빽빽하게 둘러싸고 있다.

소사나무 »289

- 자작나무과 | 높이 3~10m | 낙엽 지는 넓은 잎 작은키나무
- 바닷가의 산

수꽃

암꽃

● 잎이 서어나무보다 작고, 열매 길이도 짧다.

서어나무 »288

- 자작나무과 | 높이 3~10m | 낙엽 지는 넓은잎 큰키나무
- 산

🟢 4~5월에 잎보다 먼저 꽃이 핀다. 수꽃은 가지 끝에서 아래를 향해 피고, 암꽃은 햇가지 끝에서 아래를 향해 핀다.   암꽃

🟢 잎끝이 길게 뾰족하고, 열매는 긴 원기둥 모양이다.

한쪽에만 톱니가 있는 **개서어나무** 씨앗   울퉁불퉁한 회색 줄기

개암나무 »260

- 자작나무과 | 높이 2~3m | 낙엽 지는 넓은잎 작은키나무
- 산

- 잎은 넓은 달걀 모양이며, 가장자리에 이빨 모양의 겹톱니가 있다.
- 어린잎은 자주색 무늬와 끈적이는 샘털이 있다.

수꽃

붉은색 암술대가 밖으로 나온 암꽃

비슷한 종인 **물개암나무** 열매

비슷한 종의 **참개암나무** 열매

상수리나무 »288

- 참나무과 | 높이 15m | 낙엽 지는 넓은잎 큰키나무
- 마을 근처의 산기슭

🟢 잎 가장자리에 가시 모양의 날카로운 톱니가 있다. 노란색 수꽃은 아래로 늘어지고, 햇가지 잎겨드랑이에서 작은 암꽃이 달린다.

🟢 이듬해 9~10월에 익는 둥근 모양의 열매를 '도토리'라고 한다. 깍정이(도토리집)가 도토리를 3분의 2가량 감싼다.

굴참나무 »263

- 참나무과 | 높이 30m | 낙엽 지는 넓은잎 큰키나무
- 산의 중턱 이하

🟢 잎 뒷면에 회색빛을 띤 흰색 털이 빽빽하다. 코르크가 두껍게 발달한 껍질이 푹신푹신하고, 세로로 깊게 갈라진다.

🟢 노란색 수꽃은 아래로 늘어지고, 햇가지 잎겨드랑이에서 작은 암꽃이 달린다.   9~10월에 익는 달걀 모양의 도토리

떡갈나무 »273

- 참나무과 | 높이 20m | 낙엽 지는 넓은잎 큰키나무
- 산

● 잎자루는 거의 없고 귓불처럼 통통하며, 잎 뒷면에 갈색 털이 빽빽하다.

암꽃

가시 같은 깍정이에 둘러싸인 도토리

신갈나무 »291

- 참나무과 | 높이 30m | 낙엽 지는 넓은잎 큰키나무
- 산의 중턱 이상

● 4~5월에 가지 끝에서 잎과 함께 꽃이 핀다. 잎자루가 거의 없고 떡갈나무보다 매끈하다.

암꽃

울퉁불퉁한 깍정이에 둘러싸인 도토리

갈참나무 »258

- 참나무과 | 높이 25m | 낙엽 지는 넓은잎 큰키나무
- 산

암꽃

● 잎과 함께 5월에 꽃이 핀다. 잎자루가 긴 편이고 뒷면은 회색빛을 띤다.

얇은 종지 같은 깍정이에 둘러싸인 도토리

졸참나무 »301

- 참나무과 | 높이 25m | 낙엽 지는 넓은잎 큰키나무
- 산

암꽃

● 4~5월에 잎과 함께 꽃이 핀다. 참나무 종류 중 잎이 가장 작고 잎자루가 길다.

삼각형의 깍정이에 둘러싸인 도토리

대왕참나무 »270

- 참나무과 | 높이 40m | 낙엽 지는 넓은잎 큰키나무
- 북아메리카 원산, 가로수나 공원

암꽃

수꽃

● 4~5월에 잎과 함께 꽃이 핀다. 여러 갈래로 깊게 파인 잎 가장자리에 뾰족한 침이 3~7개 있다.

검은색, 갈색 세로줄 무늬가 있는 대왕참나무 도토리

대왕참나무 도토리보다 큰 루브라참나무 도토리

● 비슷한 종인 **루브라참나무**는 잎이 7~9갈래로 깊이 갈라진다.

가시나무 »258

- 참나무과 | 높이 15~20m | 늘푸른 넓은잎 큰키나무
- 남부 지방의 바닷가나 산기슭

햇가지에서 곧게 피는 암꽃

반원 모양의 깍정이로 둘러싸인 도토리

● 잎은 긴 타원 모양으로 끝이 뾰족하고 가장자리에 톱니가 있다. 수꽃은 꼬리 모양이다.

개가시나무 암꽃

개가시나무 도토리

● 가시나무와 비슷한 종인 **개가시나무**다. 겨울에도 잎이 떨어지지 않는다.

붉가시나무 잎과 도토리

졸가시나무 잎과 도토리

종가시나무 잎과 도토리

참가시나무 도토리

느티나무 »268

- 느릅나무과 | 높이 25m | 낙엽 지는 넓은잎 큰키나무
- 산기슭이나 마을

햇가지에 모여 달린 수꽃

꽃잎은 없고 암술대가 2개로 갈라진 암꽃

일그러진 공 모양의 열매

🟢 줄기의 붉은색 가로줄 껍질눈이 독특하다. 오래 사는 나무들이 많다.

겨우살이 »261

- 단향과 | 높이 0.3~1m | 늘푸른 기생 작은키나무
- 산지의 참나무류에 기생

노란색 열매

열매가 붉은색인 **붉은겨우살이**

참나무 종류, 물오리나무, 밤나무, 팽나무에 기대어 새 둥지 모양으로 자란다.

일본매자나무 »298

- 매자나무과 | 높이 2m | 낙엽 지는 넓은잎 작은키나무
- 일본 원산, 울타리용, 정원이나 공원

꽃

붉은색 열매

어린 가지는 붉은빛을 띤 갈색에 가시가 있다. 잎은 주걱 모양으로 가장자리가 밋밋하다.

백합나무 »281

- 목련과 | 높이 30m | 낙엽 지는 넓은잎 큰키나무
- 북아메리카 원산, 가로수와 정원, 공원

튤립을 닮은 꽃

술잔을 닮은 열매

🟢 잎끝이 잘린 것처럼 네모지고, 2~3갈래로 갈라진다. 가장자리가 밋밋하다. 동그라미 안은 씨앗이다.

오미자 »294

- 오미자과 | 길이 6~9m | 낙엽 지는 넓은잎 덩굴나무
- 숲 가장자리

잎겨드랑이에서 한 송이씩 피는 암꽃

열매

🟢 덩굴로 자라며, 열매에서 다섯 가지 맛(쓴맛, 단맛, 짠맛, 신맛, 매운맛)이 난다.(수꽃)

붓순나무 »283 ☠

- 붓순나무과 | 높이 3~5m | 늘푸른 작은키나무
- 남부 지방 섬

향기가 좋은 꽃

바람개비 모양의 열매

🟢 4월에 잎겨드랑이에서 초록빛을 띤 노란색 꽃이 핀다.

감태나무 »259

- 녹나무과 | 높이 5m | 낙엽 지는 넓은잎 작은키나무
- 산기슭의 양지바른 곳

잎겨드랑이에서 노란색으로 핀 암꽃

🟢 둥근 열매는 검은색으로 익는다. 가을에 단풍이 들고, 겨울에도 마른 잎이 떨어지지 않는다.

생강나무 »288

- 녹나무과 | 높이 3m | 낙엽 지는 넓은잎 작은키나무
- 산

🟢 햇가지는 누런빛을 띤 녹색이다.

잎보다 먼저 노란색으로 모여 핀 수꽃

암수딴그루로 피는 암꽃

검은색 둥근 열매

🟢 잎끝이 3갈래로 갈라지지만 갈라지지 않는 잎도 있다. 가지나 잎을 자르면 생강 냄새가 난다.

비목나무 »284

- 녹나무과 | 높이 15m | 낙엽 지는 넓은잎 큰키나무
- 산

수꽃

● 암수딴그루로 햇가지의 잎겨드랑이에서 노란색 꽃이 둥글게 모여 핀다.

암꽃

붉은색 열매

● 오래된 줄기는 껍질이 비늘 모양으로 떨어진다.

녹나무 »268

- 녹나무과 | 높이 20m | 늘푸른 넓은잎 큰키나무
- 제주도의 산기슭

● 도톰한 잎은 잎맥 3줄이 뚜렷하며 가장자리가 밋밋한 물결 모양이다. 잎을 자르면 향기가 난다.

원뿔 모양으로 모여 핀 꽃

검은색 둥근 열매

아름드리로 쑥쑥 자라는 녹나무

후박나무 »311

- 녹나무과 | 높이 15~20m | 늘푸른 넓은잎 큰키나무
- 울릉도, 남부 지방의 바닷가 산기슭

꽃눈에서 피어나는 꽃

열매

🟢 꽃과 잎이 들어 있는 겨울눈은 비늘로 덮여 있다. 열매는 둥글고 열매 자루가 붉은색이다.

까마귀밥나무 »265

- 까치밥나무과 | 높이 1~1.5m | 낙엽 지는 넓은잎 작은키나무
- 산기슭

🟢 잎끝이 3갈래로 깊이 갈라지고, 잎 가장자리가 굵은 톱니 모양이다. 붉은색 열매에서 쓴맛이 난다.

풍년화 »308

- 조록나무과 | 높이 3~6m | 낙엽 지는 넓은잎 작은키나무
- 일본 원산, 관상용

🟢 잎보다 먼저 잎겨드랑이에서 노란색 꽃이 모여 핀다. 향기가 좋다. 꽃잎은 4장이며, 줄 모양으로 약간 쭈글쭈글하다.

🟢 달걀 모양의 열매는 갈색으로 익으며, 겉은 갈색 털로 덮여 있다.

붉은색 꽃이 피는 품종

히어리 »311

- 조록나무과 | 높이 1~5m | 낙엽 지는 넓은잎 작은키나무
- 산지 하천가

3~4월에 잎보다 먼저 노란색 꽃 여러 송이가 아래로 늘어지며 핀다.

수술대는 5개, 암술대는 2개

가장자리에 뾰족한 톱니가 있는 잎

둥근 모양의 열매는 9월에 갈색으로 익는다.

황매화 »310

- 장미과 | 높이 1.5~2m | 낙엽 지는 넓은잎 작은키나무
- 관상용으로 정원이나 공원

● 잎맥이 오목하게 들어가 주름처럼 보인다.

잎과 함께 가지 끝에서 피는 노란색 꽃

녹색을 띤 줄기

곁가지 끝에 잎과 함께 피는 죽단화(겹황매화)

● **죽단화(겹황매화)**는 황매화와 비슷한 종으로 5월에 겹꽃이 핀다.

잎에 무늬가 있는 황매화 종류

초피나무

- 운향과 | 높이 3m | 낙엽 지는 넓은잎 작은키나무
- 산지의 숲 가장자리

🌿 잎 가장자리에 물결 모양의 톱니와 샘점이 있는 작은 잎 13~21장이 모여 달린다.

수술대가 5개인 수꽃

🌿 둥근 모양의 열매가 붉게 익으면 검은색 씨앗이 튀어나온다.

🌿 가지에 턱잎이 변한 가시가 잎자루 밑에 한 쌍씩 마주나게 달린다.

회양목 »310

- 회양목과 | 높이 7m | 늘푸른 넓은잎 작은키나무
- 석회암 지대의 양지바른 바위틈, 관상용

🌱 암꽃 하나를 둘러싸고 수꽃이 몇 송이씩 핀다. 겨울에도 떨어지지 않는 도톰한 잎이 뒤로 살짝 말린다.

🌱 열매는 달걀 모양이며 익으면 갈색을 띤다. 열매 끝에 암술대가 뿔처럼 남아 있다.

골담초 »262

- 콩과 | 높이 2m | 낙엽 지는 넓은잎 작은키나무
- 중국 원산, 관상용으로 정원이나 공원

● 5월에 잎겨드랑이에서 나비 모양의 꽃이 1~2송이 핀다. 꽃이 노란색에서 주황색으로 변한다.

옻나무 »295 ☠

- 옻나무과 | 높이 20m | 낙엽 지는 넓은잎 작은키나무
- 중국 원산, 옻을 얻으려고 심어 기름

● 작은 잎 7~11장이 모여 달린다. 칠의 재료나 약재로 사용하기 위해 심어 기른다.

꽃

털이 없고 독성이 있는 열매

개옻나무 »260 ☠

- 옻나무과 | 높이 7m | 낙엽 지는 넓은잎 작은키나무
- 산지의 숲속

🟢 암수딴그루이며 연두색 작은 꽃들이 원뿔 모양으로 모여 핀다.　　　　　　왼쪽은 수꽃, 오른쪽은 암꽃

🟢 작은 잎 13~17장이 모여 달린다. 줄기는 붉은색이며, 잎 뒷면 그리고 어린 가지와 열매에 털이 있다. 열매에 독성이 있다.

산검양옻나무 »285 ☠

- 옻나무과 | 높이 3~8m | 낙엽 지는 넓은잎 작은키나무
- 숲 가장자리나 산기슭

🟢 작은 잎 7~15장이 모여 달리고 잎끝이 꼬리처럼 길게 뾰족하다. 어린 가지와 잎자루, 잎 뒷면에 노란빛을 띤 갈색 털이 난다.

🟢 개옻나무보다 남쪽 지방에서 자란다. 열매에 털이 없고 독성이 있다.

암수딴그루인 검양옻나무의 암꽃

🟢 **검양옻나무**는 산검양옻나무와 비슷하지만 어린 가지나 잎에 털이 없다.

검양옻나무 열매

안개나무 »292

- 옻나무과 | 높이 3~5m | 낙엽 지는 넓은잎 작은키나무
- 남부 유럽~중국에 이르는 지역이 원산, 관상용

🌿 가지 끝에서 노란색 작은 꽃들이 원뿔 모양으로 모여 핀다.

가장자리가 밋밋한 잎

열매가 달린 나무

실 같은 털이 달려 있어 안개처럼 보이는 열매 자루

잎이 자주색인 **자엽안개나무**

고로쇠나무 »261

- 무환자나무과 | 높이 20m | 낙엽 지는 넓은잎 큰키나무
- 산

● 암수딴그루이며 초록빛을 띤 노란색 작은 꽃들이 원뿔 모양으로 모여 핀다.   줄기

● 잎이 손바닥 모양으로 5~7갈래로 갈라지고 가장자리가 밋밋하다. 열매는 八(팔)자 모양으로 마주 달린다.

중국단풍 »302

- 무환자나무과 | 높이 15m | 낙엽 지는 넓은잎 큰키나무
- 중국 원산, 가로수, 정원이나 공원

● 가지 끝에서 노란빛을 띤 녹색 꽃이 접시 모양으로 둥글게 모여 핀다.

● 3갈래로 갈라진 역삼각형 모양의 잎은 가장자리가 밋밋하다.

● 날개가 달린 긴 타원 모양의 열매 2개가 붙어 있으며, 열매가 많이 모여 달린다.

껍질이 불규칙하게 벗겨지는 줄기

신나무 »291

- 무환자나무과 | 높이 8m | 낙엽 지는 넓은잎 작은키나무
- 산

🟢 초록빛을 띤 노란색 꽃들이 모여 여러 다발을 이루면서 핀다.

🟢 3갈래로 갈라진 잎의 가운데 조각이 크고 길게 뾰족하다. 마주 보며 달린 2개의 열매 사이가 좁다.

복자기 »282

- 무환자나무과 | 높이 20m | 낙엽 지는 넓은잎 큰키나무
- 산

🟢 가지 끝에서 초록빛을 띤 노란색 꽃이 3송이씩 모여 핀다. 꽃자루에 털이 있다.(왼쪽 수꽃, 오른쪽 암꽃)

🟢 작은 잎 3장이 모여 달리며 단풍이 붉은색으로 아름답게 물든다.

🟢 날개 있는 열매 2개가 마주 달리며 겉에 털이 있다.

세로로 벗겨지는 껍질

네군도단풍 »267

- 무환자나무과 | 높이 15~20m | 낙엽지는 넓은잎 큰키나무
- 북아메리카 원산, 공원이나 정원

● 수꽃은 15~20송이씩 실처럼 가늘고 길게 아래쪽으로 늘어지며 핀다.

● 작은 잎 3~5장이 깃털 모양으로 모여 달리며, 가장자리에 톱니가 있다.

암꽃　　마주 달리는 열매

삼지닥나무 »287

- 팥꽃나무과 | 높이 1~2m | 낙엽 지는 넓은잎 작은키나무
- 중국 원산, 남부 지방에서 관상용으로 정원이나 공원

끝이 뾰족한 잎

달걀 모양의 열매

● 노란색 꽃이 둥글게 모여 핀다. 가지가 3갈래로 갈라진다.

이나무 »297

- 버드나무과 | 높이 15m | 낙엽 지는 넓은잎 큰키나무
- 내장산 이남의 산

● 암수딴그루로 꽃이 핀다. 여러 꽃송이가 아래로 늘어지면서 핀다.(왼쪽 수꽃, 오른쪽 암꽃)

● 잎은 심장 모양이며, 잎자루가 길고 붉은색이다.

● 둥근 붉은색 열매가 포도송이처럼 모여 달린다. 열매는 잎이 진 뒤에도 달려 있다.

산수유 »286

- 충충나무과 | 높이 7m | 낙엽 지는 넓은잎 작은키나무
- 관상용이나 열매를 얻기 위해 심음

🟢 3~4월에 잎보다 먼저 노란색 꽃 여러 송이가 둥글게 모여 핀다. 생강나무보다 꽃자루가 길다.

🟢 달걀 모양의 잎 끝이 뾰족하다. 잎 뒷면에 갈색 털이 빽빽이 나 있다.

봄에 꽃이 피는 나무 : 노란색

붉은색으로 익는 타원 모양의 열매

넓게 벗겨지는 껍질

감나무 »259

- 감나무과 | 높이 10~20m | 낙엽 지는 넓은잎 큰키나무
- 중국 원산, 중부 이남에서 과일나무로 심음

● 잎겨드랑이에서 꽃이 핀다. 수꽃(왼쪽)이 암꽃(오른쪽)보다 조금 작다.

● 열매는 둥근 모양, 고깔 모양, 달걀 모양 따위로 여러 가지이며, 주홍색이나 주황색으로 익는다.

비늘 모양으로 갈라지는 껍질

고욤나무 »261

- 감나무과 | 높이 15m | 낙엽 지는 넓은잎 큰키나무
- 산이나 집 근처

2~3송이씩 모여 나는 수꽃

항아리 모양의 암수 꽃이 한 그루에 달린다.(암꽃)

감나무보다 작은 열매

노란색 열매는 검은색으로 익는다.   어린 고욤나무 줄기   해가 거듭될수록 불규칙하게 갈라지는 껍질

개나리 » 259

- 물푸레나무과 | 높이 3m | 낙엽 지는 넓은잎 작은키나무
- 양지바른 산, 울타리나 공원

끝이 뾰족하고 마주나기 하는 잎

끝이 뾰족한 열매

🟢 3~4월에 잎이 나기 전에 잎겨드랑이에서 노란색 꽃이 핀다.

🟢 달걀 모양의 열매는 9월에 익는다.

비늘로 덮인 겨울눈

영춘화 »293

- 물푸레나무과 | 높이 3m | 낙엽 지는 넓은잎 작은키나무
- 중국 원산. 관상용으로 정원이나 공원

작은 잎 3장이 모여 달린 잎

암꽃의 씨방

3~4월에 잎이 나기 전에 잎겨드랑이에서 노란색 꽃이 핀다.

딱총나무 »272

- 산분꽃나무과 | 높이 3m | 낙엽 지는 넓은잎 작은키나무
- 산골짜기

6~7월에 붉은색으로 익는 열매

원예 품종 **캐나다딱총나무**

가지 끝에서 사살한 꽃늘이 원뿔 모양으로 모여 핀다. 달걀 모양의 잎 5~7장이 모여 달린다.

병꽃나무 »281

- 인동과 | 높이 2~3m | 낙엽 지는 넓은잎 작은키나무
- 산

4월에 병 모양의 노란색 꽃이 점점 붉은색으로 변한다.

잎겨드랑이에서 1~2송이씩 피는 꽃

깊게 갈라지고 털이 빽빽하게 덮인 꽃받침

양면에 털이 있고 마주나기 하는 잎

갓 맺은 열매(왼쪽)와 갈색으로 익은 열매(오른쪽, 9월)

청가시덩굴 »304

- 청미래덩굴과 | 길이 5m | 낙엽 지는 덩굴나무
- 산

암꽃

검은색으로 익는 열매

● 청미래덩굴보다 잎이 얇다. 암수딴그루로 연한 노란색 꽃이 우산 모양으로 모여 핀다.(수꽃)

청미래덩굴 »304

- 청미래덩굴과 | 길이 3m | 낙엽 지는 덩굴나무
- 산

암꽃

붉은색으로 익는 열매

● 청가시덩굴보다 잎이 도톰하나. 잎은 잎맥 3술이 뚜렷하고, 암수딴그루로 노란색 꽃들이 우산 모양으로 모여 핀다.(수꽃)

큰꽃으아리 »306

- 미나리아재비과 | 길이 2~4m | 낙엽 지는 덩굴나무
- 산기슭

● 5~6월에 잎겨드랑이에서 흰색이거나 연한 노란색 꽃이 위를 향해 핀다.   암술대가 남아 있는 열매

원예 품종인 **흰색 클레마티스**

붉은색 클레마티스

연한 자주색의 클레마티스

자주색 겹꽃 클레마티스

멀꿀 »276

- 으름덩굴과 | 길이 15m | 늘푸른 덩굴나무
- 제주도를 포함한 남부 지방의 섬

● 잎겨드랑이에서 꽃 3~7송이가 모여 핀다.

● 잎 5~7장이 손 모양으로 모여 달린다. 타원 모양의 열매는 붉은빛을 띤 자주색으로 익는다.

함박꽃나무 »309

- 목련과 | 높이 7m | 낙엽 지는 넓은잎 작은키나무
- 산

열매

● 잎이 난 다음 목련꽃을 닮은 흰색 꽃이 옆이나 아래를 향해 피며, 향기가 진하다.

일본목련 »298

- 목련과 | 높이 20m | 낙엽 지는 넓은잎 큰키나무
- 일본 원산, 관상용으로 정원이나 공원

갓 맺은 열매

붉은색 열매

🟢 잎이 20~40cm로 매우 크며, 가지 끝에서 흰색 꽃이 위를 향해 핀다. 향기가 진하다.

목련 »277

- 목련과 | 높이 10m | 낙엽 지는 넓은잎 큰키나무
- 제주도

밑에 어린 잎 1장이 달린 꽃

열매

🟢 3~4월에 잎보다 먼저 꽃이 핀다. 꽃잎 밑부분에 연한 붉은색 줄이 있다.

백목련 »280

- 목련과 | 높이 15m | 낙엽 지는 넓은잎 큰키나무
- 중국 원산, 정원이나 공원

🟢 안쪽 꽃잎은 6장, 바깥쪽 꽃받침 3장이 모두 꽃잎처럼 보인다.

열매

9~10월에 붉은색으로 익는 열매

겨울눈

꽃잎이 12~18장인 **별목련**

잎이 핀 다음 연한 노란색 꽃이 피는 **황목련**

태산목 »306

- 목련과 | 높이 20m | 늘푸른 넓은잎 큰키나무
- 미국 원산, 주로 남부 지방에서 관상용

향기가 진한 꽃

🟢 목련이나 백목련보다 꽃이나 잎이 크다. 반들반들한 잎은 짙은 녹색에 도톰하다. 열매는 녹색을 띤 흰색의 짧은 털로 덮여 있다.

물참대 »278

- 수국과 | 높이 2m | 낙엽 지는 넓은잎 작은키나무
- 산골짜기의 숲과 숲 가장자리

암술대 부위의 꽃턱이 연두색

암술대가 남아 있는 열매

🟢 꽃은 우산 모양으로 모여 핀다. 겨울에 어린 가지의 껍질이 벗겨진다.

말발도리 »274

- 수국과 | 높이 2~3m | 낙엽 지는 넓은잎 작은키나무
- 산골짜기의 숲

붉은빛을 띤 노란색 꽃턱

겨울에 벗겨지지 않는 어린가지 껍질

🟢 잎 표면, 꽃받침통, 열매에 별 모양의 털이 있고, 열매는 물참대 열매보다 작다.

🟢 비슷한 종인 일본 원산의 **애기말발도리**는 가지 끝에서 원뿔 모양으로 꽃이 모여 달린다.

빈도리 »284

- 수국과 | 높이 1~3m | 낙엽 지는 넓은잎 작은키나무
- 일본 원산, 관상용으로 정원이나 공원

- 줄기 속이 비어 있고 꽃이 말발도리와 비슷하다.

원뿔 모양으로 모여 피는 꽃

털이 빽빽하고 암술대가 남아 있는 열매

- 꽃잎이 여러 장으로 겹쳐서 피는 겹꽃 **만첩빈도리**를 주로 심는다.

풍성하고 아름다운 만첩빈도리 꽃

암술대가 남아 있는 만첩빈도리 열매

돈나무 »271

- 돈나무과 | 높이 2~3m | 늘푸른 작은키나무
- 남부 지방의 섬이나 바닷가

잎과 열매

🌿 가지 끝에서 흰색 꽃이 3~6송이씩 모여 핀다. 잎이 뒤로 말린다. 붉은색 씨앗이 열매 껍질에 붙어 있고, 이때 파리가 몰려든다.

조팝나무 »300

- 장미과 | 높이 1.5~2m | 낙엽 지는 넓은잎 작은키나무
- 산이나 들

튀긴 좁쌀을 붙인 듯한 꽃

9월에 익어 벌어진 열매

🌿 4~5월에 가지 윗부분을 따라 흰색 꽃이 촘촘하게 붙어 피는 모습이 꼬리처럼 보인다.

공조팝나무 »262

- 장미과 | 높이 1~2m | 낙엽 지는 넓은잎 작은키나무
- 중국 원산, 관상용으로 정원이나 공원

공 모양으로 모여 피는 꽃

9~10월에 익어 벌어진 열매

🟢 5~6월에 햇가지에서 흰색 꽃이 20~40송이씩 둥글게 모여 핀다. 잎이 좁고 길다.

국수나무 »263

- 장미과 | 높이 1~2m | 낙엽 지는 넓은잎 작은키나무
- 산기슭의 숲 가장자리

🟢 가지가 지그재그로 자라고 덤불을 이룬다. 햇가지 끝에서 흰색 꽃이 모여 핀다.

양국수나무 »293

- 장미과 | 높이 2~3m | 낙엽 지는 넓은잎 작은키나무
- 북아메리카 원산, 관상용으로 정원이나 공원

끝이 3갈래로 갈라지고 잎맥이 뚜렷한 잎

옆으로 퍼지며 자라는 어린 가지 끝에서 흰색 꽃이 둥글게 모여 핀다.

잎이 자주색인 품종

병아리꽃나무 »282

- 장미과 | 높이 2m | 낙엽 지는 넓은잎 작은키나무
- 산

꽃

4~5월에 햇가지 끝에서 흰색 꽃이 한 송이씩 피며, 잎이 주름져 보인다.

4개씩 모여 달린 열매

가침박달 »258

- 장미과 | 높이 1~5m | 낙엽 지는 넓은잎 작은키나무
- 바위지대나 건조한 산기슭

🌿 4~5월에 햇가지 끝에서 흰색 꽃이 3~6송이씩 모여 핀다.

윗부분에 톱니가 있고 뒷면은 회색빛을 띤 타원 모양의 잎

🌿 8~9월에 익는 열매는 위에서 보면 별 모양이다.

열매

산딸기 »286

- 장미과 | 높이 1~2m | 낙엽 지는 넓은잎 작은키나무
- 산이나 들

🟢 줄기에 가시가 많고 뿌리에서 가지가 많이 나와 무리 지어 자란다.

가지 끝에서 3~4송이씩 피는 꽃

열매

주황색 열매가 달리는 **수리딸기**

서양오엽딸기 열매

서양오엽딸기 잎

곰딸기 »262

- 장미과 | 높이 3m | 낙엽 지는 넓은잎 작은키나무
- 산이나 들

🟢 햇가지 끝에 달린 꽃봉오리와 꽃대에 붉은색 샘털이 빽빽하다.

하얀 털이 빽빽한 잎 뒷면

열매

🟢 줄기에 가시가 드문드문 있고 부드러운 샘털이 빽빽하다.

찔레나무(찔레꽃) »303

- 장미과 | 높이 2m | 낙엽 지는 넓은잎 작은키나무
- 산이나 들

꽃

열매

● 줄기와 잎이 장미를 닮았으며 5월에 흰색 또는 연한 분홍색 꽃이 원뿔 모양으로 모여 핀다.

돌가시나무 열매

● 비슷한 종인 **돌가시나무**는 덩굴식물처럼 땅을 기며 자란다. 잎이 반들거린다.

귀룽나무 »264

- 장미과 | 높이 15m | 낙엽 지는 넓은잎 큰키나무
- 산

꽃

열매

🟢 이른 봄에 다른 나무보다 새잎이 빨리 나온다. 5월에 햇가지 끝에서 흰색 꽃이 아래로 늘어지며 핀다.

앵도나무(앵두나무) »293

- 장미과 | 높이 3m | 낙엽 지는 넓은잎 작은키나무
- 중국 원산, 과수용, 관상용

🟢 3~4월에 잎보다 먼저 흰색이나 연한 분홍색 꽃이 핀다. 암술과 수술 아랫부분에 붉은빛이 감돈다. 열매는 6월에 붉은색으로 익는다.

매실나무 »275

- 장미과 | 높이 4~6m | 낙엽 지는 넓은잎 작은키나무
- 중국 원산, 과수용, 관상용

● 2~4월에 잎보다 먼저 흰색이나 진한 분홍색 꽃이 핀다. 꽃받침이 꽃잎을 감싸고 있다. 꽃향기가 진하다.

만첩홍매실(겹꽃)

홍매실(홑꽃)

● 6~7월에 열매가 누런빛을 띤 녹색으로 익는다.

자도나무 (자두나무) »299

- 장미과 | 높이 7~10m | 낙엽 지는 넓은잎 작은키나무
- 중국 원산, 과수용, 관상용

🟢 매실나무보다 꽃 크기가 작고 달콤한 꿀 냄새가 난다.

긴 꽃자루에 3송이씩 모여 피는 꽃

7월에 노란색이나 붉은색으로 익는 열매

벚나무 »281

- 장미과 | 높이 20m | 낙엽 지는 넓은잎 큰키나무
- 산

꽃자루가 모인 작은 자루가 달린 벚나무 꽃

산벚나무 꽃

🟢 잎과 함께 흰색 또는 분홍색 꽃이 2~3송이씩 핀다. 꽃자루가 모인 작은 자루가 가지에 달리면 벚나무, 가지에 각각의 꽃자루가 달리면 산벚나무이다.

왕벚나무 »295

- 장미과 | 높이 15m | 낙엽 지는 넓은잎 큰키나무
- 제주도 한라산 중턱

꽃자루가 산벚나무보다 긴 꽃

🟢 흰색, 연한 분홍색 꽃이 3~6송이씩 모여 핀다. 기다란 꽃자루와 꽃받침통에 털이 빽빽하다.   6~7월에 검은색으로 익는 열매

겹꽃이 피는 **만첩개벚나무**   이삭 모양으로 작은 꽃이 모여 피는 **세로티나벚나무**

🟢 가지가 아래로 처지는 **처진올벚나무**는 꽃받침통이 항아리 모양에 꽃자루와 암술대에 털이 있다.

옥매 »294

- 장미과 | 높이 1.5m | 낙엽 지는 넓은잎 작은키나무
- 중국 원산, 관상용으로 정원이나 공원

꽃

● 5월에 잎과 함께 흰색 겹꽃이 줄기를 감싸듯이 촘촘하게 핀다.

분홍색 겹꽃이 피는 **분홍매**

다정큼나무 »269

- 장미과 | 높이 2~4m | 늘푸른 작은키나무
- 남부 지방의 바닷가

● 가지 끝에서 흰색 꽃이 원뿔 모양으로 모여 핀다. 열매는 검은빛을 띤 자주색으로 익는다.

산사나무 »286

- 장미과 | 높이 6m | 낙엽 지는 넓은잎 작은키나무
- 산

- 잎은 3~5갈래로 갈라지고 끝이 뾰족하다. 열매 끝에 꽃받침이 남아 있고, 흰색 점들이 있다.

- 비슷한 종 **미국산사나무**는 미국이 원산으로 줄기에 날카로운 가시가 있다.

- **서양산사나무**는 길라진 잎의 끝이 둥글고, 열매가 많이 달린다.

피라칸다 »308

- 장미과 | 높이 1~2m | 늘푸른 작은키나무
- 중국 원산, 울타리나 관상용

🌱 줄기에 가지가 변한 날카로운 가시가 있다. 가지가 많이 갈라지고 열매가 많이 달린다.

홍가시나무 »309

- 장미과 | 높이 3~10m | 늘푸른 작은키나무
- 일본 원산, 남부 지방에서 가로수, 관상용

단풍 든 것처럼 붉은색인 어린잎

🌱 햇가지 끝에서 흰색 꽃이 원뿔 모양으로 모여 핀다. 달걀 모양의 열매는 붉은색으로 익는다.

열매

콩배나무 »306

- 장미과 | 높이 3m | 낙엽 지는 넓은잎 작은키나무
- 낮은 산

🟢 짧은 가지 끝에서 흰색 꽃이 5~9송이씩 모여 핀다. 열매가 1~1.5cm로 콩처럼 매우 작다.

배나무 »280

- 장미과 | 높이 5~10m | 낙엽 지는 넓은잎 작은키나무
- 일본 원산, 과수용, 관상용

🟢 가지 끝에서 흰색 꽃이 5~10송이씩 둥글게 모여 핀다. 열매는 9월에 조금 검은빛을 띤 갈색으로 익는다.

아그배나무 »291

- 장미과 | 높이 6~10m | 낙엽 지는 넓은잎 작은키나무
- 산

4~5 송이씩 모여 피는 꽃

끝에 꽃받침 자국이 남아 있는 열매

● 가지 중간에 달걀 모양의 잎이 달리고, 가지 끝에는 잎끝이 3~5갈래로 갈라진 잎이 달린다.

야광나무 꽃

● 비슷한 종 **야광나무**는 잎에 거친 톱니가 없고 잎 모양이 일정하여 아그배나무와 구별된다.

야광나무 열매

꽃사과나무 »266

- 장미과 | 높이 3~10m | 낙엽 지는 넓은잎 작은키나무
- 아시아와 북아메리카 원산, 관상용

🟢 분홍색 꽃봉오리에 흰색 꽃이 핀다. 열매는 사과보다 작고 꽃받침 자국이 남아 있다.

꽃사과나무 원예 품종 　　　　　　　　　　　　꽃사과나무 원예 품종 열매

🟢 중국 원산인 **서부해낭화**(서부해당). 여기에서 해당화는 꽃사과나무의 일종을 가리킨다. 　　서부해당화 열매

사과나무 »285

- 장미과 | 높이 3~5m | 낙엽 지는 넓은잎 작은키나무
- 서아시아 원산, 과수용, 관상용

🟢 흰색 꽃이 5~7송이씩 가지 끝 잎겨드랑이에서 모여 핀다. 열매는 품종에 따라 색과 맛이 다르다.

채진목 »304

- 장미과 | 높이 5~10m | 낙엽 지는 넓은잎 작은키나무
- 산

꽃

열매

🟢 가지 끝에서 흰색 꽃이 모여 핀다. 열매는 검은빛을 띤 자주색으로 익고 꽃받침 자국이 남아 있다.

팥배나무 »307

- 장미과 | 높이 15m | 낙엽 지는 넓은잎 큰키나무
- 산

🟢 가지 끝에서 6~10송이씩 흰색 꽃이 모여 피고, 독특한 향기가 난다.

🟢 잎의 측맥이 뚜렷하고, 9~10월에 익는 열매가 팥 모양이다.

마가목 »274

- 장미과 | 높이 6~8m | 낙엽 지는 넓은잎 작은키나무
- 산

🟢 끝이 뾰족한 작은 잎 9~13장이 깃털 모양으로 모여 달린다. 모여 피는 꽃에서 독특한 향기가 난다.

9~10월에 붉은색으로 익는 열매

겨울눈

아로니아 »292

- 장미과 | 높이 1~2.5m | 낙엽 지는 넓은잎 작은키나무
- 북아메리카 동부 원산, 과수용, 관상용

열매가 진한 보라색 품종

열매가 붉은색 품종

- 둥근 모양의 열매는 8~9월에 진한 보라색, 붉은색으로 익는다. 떫고 신맛이 난다.

블루베리 »284

- 진달래과 | 높이 1.5~3m | 낙엽 지는 넓은잎 작은키나무
- 북아메리카 원산, 과수용, 관상용

꽃

열매

- 종 모양의 흰색 꽃이 아래를 향해 핀다. 6~8월에 짙은 보라색으로 익는 열매는 겉에 흰가루가 덮여 있다.

아까시나무 »292

- 콩과 | 높이 25m | 낙엽 지는 넓은잎 큰키나무
- 북아메리카 원산, 낮은 산이나 들

● 잔가지에 턱잎이 변한 날카로운 가시가 있다. 꽃은 5~6월에 피고 향기가 진하다.

분홍색 꽃이 피는 **꽃아까시나무**

● 납작하고 긴 꼬투리에 검은빛을 띤 갈색 씨앗이 5~10개 들어 있다.

탱자나무 »307

- 운향과 | 높이 3m | 낙엽 지는 넓은잎 작은키나무
- 중국 원산, 경기도 이남의 들이나 산

🟢 어린 가지는 녹색이며 단단하고 날카로운 가시가 있다. 10월에 노란색으로 익는 열매는 향기가 좋다.

유자나무 »296

- 운향과 | 높이 4m | 늘푸른 넓은잎 작은키나무
- 중국 원산, 과수용, 관상용

🟢 어린 가지에 날카로운 가시가 있다. 열매는 10~11월에 노란색으로 익고 겉이 울퉁불퉁하다.

귤나무 »264

- 운향과 | 높이 3~5m | 늘푸른 넓은잎 작은키나무
- 중국 원산, 과수용, 관상용

🟢 6월에 가지 끝에서 꽃이 1~3송이씩 핀다. 6~7월에 열매가 열리고 10월에 노란빛을 띤 붉은색으로 익는다.

🟢 **하귤**은 열매가 여름에 익어 붙인 이름이다. 열매가 크고 껍질이 두꺼우며 씨가 많다. 무척 시큼하다.

감탕나무 »259

- 감탕나무과 | 높이 10m | 늘푸른 넓은잎 작은키나무
- 남부 지방의 해안가

암꽃

열매

🟢 잎이 두툼하고 반들반들하며 잎자루가 길다. 암꽃은 잎겨드랑이에 1~3송이씩, 수꽃은 여러 송이가 모여 달린다.

고추나무 »262

- 고추나무과 | 높이 3~5m | 낙엽 지는 넓은잎 작은키나무
- 산

갈색으로 익는 풍선 모양의 열매

열매 밖으로 드러난 씨앗

🟢 잎 3장이 모여 달린 모양이 고춧잎을 닮았다. 원뿔 모양으로 모여 피는 꽃들이 아래로 향한다.

칠엽수 »305 ☠

- 무환자나무과 | 높이 30m | 낙엽 지는 넓은잎 큰키나무
- 일본 원산, 관상용이나 가로수

🟢 가지 끝에서 원뿔 모양으로 흰색 꽃들이 모여 핀다.

분홍색 점이 있는 꽃

작은 잎 5~7장이 모여 달린 잎

10~11월에 붉은빛을 띤 갈색으로 익는 열매

겉에 끈적끈적한 액체로 덮여 있는 겨울눈

가시가 있는 가시칠엽수 열매

열매가 벌어져 드러난 가시칠엽수 씨앗

● 비슷한 종 **가시칠엽수**는 꽃대 하나에 100~300송이 꽃이 핀다.

원뿔 모양으로 모여 피는 붉은꽃칠엽수 꽃

익어서 벌어진 붉은꽃칠엽수 열매

미국이 원산지이고 붉은색 꽃이 피는 **붉은꽃칠엽수**

사스레피나무 »285

- 차나무과 | 높이 1m | 늘푸른 넓은잎 작은키나무
- 바닷가 산기슭

주로 바닷가에서 자라며 잎이 도톰하고 반들반들하다.

검은빛을 띤 자주색으로 익는 열매

암수딴그루로 아래를 향해 핀 수꽃

암꽃

보리수나무 » 282

- 보리수나무과 | 높이 3~5m | 낙엽 지는 넓은잎 작은키나무
- 산기슭

● 잎 앞뒷면에 은빛 나는 비늘털이 빽빽하다. 10월에 붉은색으로 익는 열매에 비늘털이 남아 있다.

뜰보리수 » 273

- 보리수나무과 | 높이 2~3m | 낙엽 지는 넓은잎 작은키나무
- 일본 원산, 관상용

● 잎의 앞면은 별 모양의 털이, 뒷면은 흰색과 갈색 비늘털이 섞여 난다. 열매는 보리수나무 열매보다 크고, 6~7월에 붉은색으로 익는다.

양다래 »293

- 다래나무과 | 길이 5~10m | 낙엽 지는 넓은잎 덩굴나무
- 중국 원산, 과수용

🟢 암수딴그루로 잎겨드랑이에서 흰색 꽃이 아래를 향해 모여 핀다.(왼쪽 수꽃, 오른쪽 암꽃)

갈색 털이 빽빽한 달걀 모양의 열매   갈색 털이 빽빽한 어린 가지

산딸나무 »286

- 층층나무과 | 높이 7m | 낙엽 지는 넓은잎 작은키나무
- 산

🟢 6월에 가지 끝에서 꽃잎처럼 보이는 4장의 흰색 꽃싸개 안에 작은 꽃 20~30송이가 공 모양으로 뭉쳐 핀다.

🟢 산딸기처럼 모여 달린 열매는 붉은색으로 익는다.

비슷한 종 **꽃산딸나무**의 꽃싸개 끝이 오목한 꽃과 달걀 모양의 열매   붉은색 꽃이 피는 **붉은꽃산딸나무**

층층나무 »305

- 층층나무과 | 높이 20m | 낙엽 지는 넓은잎 큰키나무
- 산

🟢 가지가 층층으로 달려서 수평으로 퍼진다. 잎은 어긋나기 하며, 햇가지 끝에서 접시 모양으로 흰색 꽃이 모여 핀다.

🟢 둥근 열매는 붉은색으로 변했다가 검은색으로 익는다. 어린 줄기와 가지는 붉은색이며 껍질눈이 퍼져 있다.

말채나무 »275

- 층층나무과 | 높이 10~15m | 낙엽 지는 넓은잎 큰키나무
- 산

검은색으로 익는 둥근 열매

🟢 가지 끝에서 접시 모양으로 흰색 꽃이 모여 핀다. 줄기는 검은빛을 띤 갈색이고 껍질이 그물처럼 갈라진다.

검은색으로 익는 곰의말채나무 열매

🟢 비슷한 종 **곰의말채나무**는 말채나무보다 잎이 크고 길쭉하다. 줄기는 회색빛을 띤 갈색이며 세로로 불규칙하게 갈라진다.

흰말채나무 »311

- 층층나무과 | 높이 3m | 낙엽 지는 넓은잎 작은키나무
- 북부 지방의 산

● 잎은 마주나기 한다. 가지 끝에서 흰색 꽃이 우산 모양으로 모여 핀다.

● 줄기는 가을부터 붉은빛이 돌고 겨울에 더욱 진해진다. 열매는 흰색 또는 푸른빛을 띤 흰색이다.

흰색으로 익는 노랑말채나무 열매

노랑말채나무 줄기

● 비슷한 종 **노랑말채나무**는 줄기 색이 가을부터 노란색으로 바뀐다.

박쥐나무 »279

- 층층나무과 | 높이 3~4m | 낙엽 지는 넓은잎 작은키나무
- 산

- 잎의 모양이 박쥐 날개를 닮았다. 아래를 향한 흰색 꽃은 꽃잎이 뒤로 말린다.

노린재나무 »267

- 노린재나무과 | 높이 1~3m | 낙엽 지는 넓은잎 작은키나무
- 산지의 숲

- 어린 가지 끝에서 흰색 꽃이 원뿔 모양으로 핀다. 타원 모양의 열매는 9월에 푸른빛을 띤 자주색으로 익는다.

때죽나무 »272 ☠

- 때죽나무과 | 높이 10m | 낙엽 지는 넓은잎 작은키나무
- 산지의 숲

연한 회색으로 익는 열매와 갈색 씨앗

때죽납작진딧물이 만든 벌레혹

● 5~6월에 잎겨드랑이에서 흰색 꽃이 2~5송이씩 아래를 향해 피며, 향기가 진하다.

쪽동백나무 »303

- 때죽나무과 | 높이 10m | 낙엽 지는 넓은잎 작은키나무
- 산지의 숲

● 때죽나무보다 잎이 크고, 꽃이 아래를 향해 길게 늘어지면서 모여 핀다. 향기가 진하다. 때죽나무 씨앗보다 씨앗이 더 매끈하다.

쥐똥나무 »302

- 물푸레나무과 | 높이 2~4m | 낙엽 지는 넓은잎 작은키나무
- 산이나 들

꽃

🟢 흰색 꽃 여러 송이가 모여 피고 향기가 진하다.

쥐똥을 닮은 검은색 열매

미선나무 »279

- 물푸레나무과 | 높이 1~2m | 낙엽 지는 넓은잎 작은키나무
- 경북, 충북, 전북의 숲 경사지나 바위틈

🟢 3~4월에 잎보다 먼저 개나리꽃을 닮은 흰색, 연한 노란색, 연한 붉은색 꽃이 모여 핀다.

둥근 부채(미선)를 닮은 열매

이팝나무 »298

- 물푸레나무과 | 높이 25m | 낙엽 지는 넓은잎 큰키나무
- 산, 가로수, 정원이나 공원

🟢 풍성하게 피는 꽃이 흰쌀밥을 수북하게 담은 모습을 닮았다.

무더기로 모여 피는 흰색 꽃

검은빛을 띤 자주색 열매

회색빛을 띤 갈색 줄기

마삭줄 »274

- 협죽도과 | 길이 5m이상 | 늘푸른 덩굴나무
- 남부 지방의 산과 들

🟢 줄기는 붉은빛을 띤 갈색이며, 덩굴로 자란다. 잎은 반들거리고 마주나기 한다.

꽃

긴 막대 모양의 열매

🟢 비슷한 종 **백화등**은 잎이 마삭줄보다 둥글고 크다.

백화등 꽃

백화등 열매

백정화 »281

- 꼭두서니과 | 높이 1m | 늘푸른 넓은잎 작은키나무
- 중국 원산, 관상용

● 잎은 좁은 타원 모양으로 끝이 뾰족하다. 가장자리가 매끄러우며 마주나기 한다. 흰색이나 연한 자줏빛 꽃이 핀다.

분꽃나무 »283

- 산분꽃나무과 | 높이 2m | 낙엽 지는 넓은잎 작은키나무
- 산지나 숲 가장자리

● 잎은 넓은 달걀 모양으로 가장자리에 불규칙한 톱니가 있다. 꽃 모양이 분꽃을 닮았다. 열매는 10~11월에 붉은색에서 검은색으로 익는다.

백당나무 »280

- 산분꽃나무과 | 높이 3~6m | 낙엽 지는 넓은잎 작은키나무
- 산, 관상용으로 정원이나 공원

- 가운데에는 암술과 수술이 있는 꽃, 가장자리에는 암술과 수술이 없는 장식 꽃이 접시 모양으로 핀다.

암술과 수술이 없는 장식 꽃

붉은색으로 익는 열매

- 백당나무를 개량한 **불두화**는 장식 꽃만 공 모양으로 모여 핀다.

149

덜꿩나무 »271

- 산분꽃나무과 | 높이 2m | 낙엽 지는 넓은잎 작은키나무
- 산, 관상용으로 정원과 공원

접시 모양으로 피는 꽃

둥근 모양의 열매

● 가막살나무와 비슷하지만 잎끝이 더 뾰족하고 열매가 동글동글하다.

털설구화 '라나스' 장식 꽃

● 비슷한 종 **털설구화 '라나스'**는 5월에 가지 끝에서 암술과 수술이 있는 꽃과 장식 꽃이 핀다.

타원 모양의 털설구화 '라나스' 열매

가막살나무 »258

- 산분꽃나무과 | 높이 3m | 낙엽 지는 넓은잎 작은키나무
- 산, 관상용으로 정원과 공원

향기가 독특한 꽃

달걀 모양의 열매

🟢 잎은 달걀 모양이거나 넓은 달걀 모양으로 끝이 뾰족하다.

괴불나무 »263

- 인동과 | 높이 5m | 낙엽 지는 넓은잎 작은키나무
- 산기슭이나 골짜기

🟢 꽃색이 흰색에서 연한 노란색으로 바뀌고 향기가 진하다. 열매는 9~10월에 붉은색으로 익는다.

가래나무 »258

- 가래나무과 | 높이 20m | 낙엽 지는 넓은잎 큰키나무
- 산지

끝이 뾰족한 달걀 모양의 열매

겨울눈

● 꼬리 모양의 수꽃은 아래로 늘어지고 암술머리만 있는 암꽃이 햇가지 끝에서 모여 달린다.

호두나무 »309

- 가래나무과 | 높이 10~20m | 낙엽 지는 넓은잎 큰키나무
- 중국 원산, 경기도 이남에 과일나무로 심음

암꽃

4칸으로 줄이 나 있는 둥근 열매

● 녹색을 띤 꼬리 모양의 수꽃이 아래로 늘어지고 암술머리만 있는 암꽃이 모여 달린다.

느릅나무 »268

- 느릅나무과 | 높이 30m | 낙엽 지는 넓은잎 큰키나무
- 산

가장자리에 겹톱니가 있는 긴 타원 모양의 잎

가운데 씨앗을 품은 날개 달린 열매

🟢 4~5월에 잎겨드랑이에서 꽃덮개로 둘러싸인 꽃이 7~15송이씩 모여 핀다.

비술나무 »284

- 느릅나무과 | 높이 15~20m | 낙엽 지는 넓은잎 큰키나무
- 산기슭이나 냇가 주변

꽃덮개로 둘러싸인 꽃은 수술 4개, 암술 1개

갓 맺힌 납작하고 둥근 모양의 열매

🟢 느릅나무보다 잎이 작고 열매가 크다. 줄기에 상처가 나면 수액이 흘러내려 마른 자국이 하얗게 보인다.

시무나무 »291

- 느릅나무과 | 높이 20m | 낙엽 지는 넓은잎 큰키나무
- 산기슭이나 개울가

반달 모양의 열매

● 가지에 기다란 가시가 있고, 열매는 비대칭으로 한쪽에만 날개가 있다. 줄기는 세로로 깊게 갈라진다.

팽나무 »307

- 삼과 | 높이 20m | 낙엽 지는 넓은잎 큰키나무
- 산지의 경사 지대, 계곡, 길가

암꽃과 수꽃

붉은빛을 띤 노란색으로 익는 열매

● 측맥이 선명한 잎과 함께 꽃이 핀다. 암꽃은 햇가지 윗부분에 1~3송이, 수꽃은 가지 겨드랑이에 달린다.

뽕나무 »284

- 뽕나무과 | 높이 3~10m | 낙엽 지는 넓은잎 작은키나무
- 중국 원산, 마을 근처

꼬리처럼 늘어진 수꽃    암술머리가 두 갈래로 갈라지는 암꽃

● 어린 가지나 잎을 자르면 우윳빛 액체가 나온다. '오디'라 부르는 열매는 먹을 수 있다.   회색빛을 띤 줄기

● 비슷한 종 **산뽕나무**는 산에서 자라며 잎끝이 길게 늘어진다.(왼쪽 수꽃, 오른쪽 암꽃)

잎끝이 길게 늘어신 산뽕나무 잎   검은색으로 익는 산뽕나무 열매

두충 »272

- 가리아과 | 높이 10~20m | 낙엽 지는 넓은잎 큰키나무
- 중국 원산으로 식용이나 약용

4~10개의 수술이 있는 수꽃

🍃 햇가지 밑부분에 암꽃이 달리며, 열매는 편평하고 긴 타원 모양에 날개가 있다.　　　　　　　　　　　　　　열매

황벽나무 »310

- 운향과 | 높이 10~15m | 낙엽 지는 넓은잎 큰키나무
- 산

씨앗이 5개 들어 있는 열매

🍃 암수딴그루로 햇가지 끝에서 꽃이 핀다(사진은 수꽃). 폭신한 줄기 껍질을 벗겨내면 속이 노란색이다.　　　줄기

호랑가시나무 »309

- 감탕나무과 | 높이 2~3m | 늘푸른 작은키나무
- 전라도와 제주도

도톰하고 반들거리는 잎

열매

- 암수딴그루로 수꽃은 잎겨드랑이에서 모여 핀다. 잎이 각이 지고 모서리가 날카로운 가시로 되어 있다. 빨갛게 익은 열매에 씨앗이 4개 들어 있다.

먼나무 »275

- 감탕나무과 | 높이 10m | 늘푸른 큰키나무
- 남부 지방 섬과 제주도

- 햇가지의 잎겨드랑이에서 붉은빛이 도는 녹색 꽃이 핀다. 잎은 도톰하고 반들반들한 타원형이다. 열매는 9~12월에 붉은색으로 익는다.

화살나무 »310

- 노박덩굴과 | 높이 1~3m | 낙엽 지는 넓은잎 작은키나무
- 산

🟢 연두색 꽃이 2~3송이씩 모여 달린다. 가지에 코르크질의 날개가 2~4장 달려 있다.

🟢 가을에 붉은색으로 물드는 단풍이 아름답다. 열매가 익어 벌어지면 주홍색 씨앗이 나온다.

참빗살나무 »303

- 노박덩굴과 | 높이 8m | 낙엽 지는 넓은잎 작은키나무
- 산

● 지난해 가지의 잎겨드랑이에서 연한 녹색 꽃이 3~13송이씩 모여 핀다.

● 둥근 사각형 열매가 붉은색으로 익어 4갈래로 갈라지면 주홍색 씨앗이 나온다.

노박덩굴 »267

- 노박덩굴과 | 길이 10m | 낙엽 지는 덩굴나무
- 산이나 들

이웃 나무에 감고 올라가거나 바위에 기대어 자란다. 잎끝이 뾰족하고 톱니가 있다.

암수딴그루로 피는 수꽃

짧은 수술 5개와 기다란 암술 1개가 있는 암꽃

9~10월에 노란색으로 익는 열매

3갈래로 갈라지면서 보이는 주황색 씨앗

말오줌때 »275

- 고추나무과 | 높이 5~6m | 낙엽 지는 넓은잎 작은키나무
- 남부 지방의 산

● 초록빛을 띤 갈색 가지를 꺾으면 고약한 냄새가 난다. 노란빛을 띤 녹색 꽃의 수술과 암술대는 각각 3개씩이다.

9~10월에 붉은색으로 익는 열매

● 꼬부라진 열매가 갈라지면서 검은색 씨앗이 나온다.

긴 달걀 모양의 잎

물푸레나무 »278

- 물푸레나무과 | 높이 10m | 낙엽 지는 넓은잎 큰키나무
- 산

버드나무 잎을 닮은 열매

● 작은 잎 5~7장이 깃털 모양으로 모여 달린다. 줄기에 흰색 무늬가 있고 매끈하며(왼쪽) 오래되면 세로로 갈라진다(오른쪽).

들메나무 »272

- 물푸레나무과 | 높이 30m | 낙엽 지는 넓은잎 큰키나무
- 깊은 산

● 작은 잎 3~17장(보통 9~11장)이 깃털 모양으로 모여 달린다. 물푸레나무보다 작은 잎이 많다.

은행나무 »297 ☠

- 은행나무과 | 높이 60m | 낙엽 지는 넓은잎 큰키나무
- 가로수나 관상용으로 정원이나 공원

● 암수딴그루로 수꽃은 아래로 늘어지고, 암꽃(오른쪽)은 한 가지에 6~7송이씩 모여 핀다.

독성이 있는 열매 나이가 800여 년에 이르는 인천 장수동의 은행나무

주목 »301

- 주목과 | 높이 17~20m | 늘푸른 바늘잎 큰키나무
- 높은 산

🟢 옆으로 뻗은 가지에서 자라는 잎이 깃털처럼 보인다.

비늘조각으로 싸인 수꽃

비늘조각에 싸인 암꽃

항아리 모양의 열매에 싸인 씨앗

세로로 길게 껍질이 벗겨져서 드러난 주황색 속살

비자나무 »284

- 주목과 | 높이 25m | 늘푸른 바늘잎 큰키나무
- 남부 지방의 산

● 수꽃은 잎 달린 자리에 10여 송이씩 모여 피고 암꽃은 가지 위쪽에 핀다. 잎 뒷면에 흰색 숨구멍이 2줄 있다.

● 잎이 납작하고 끝이 침처럼 날카롭다. 열매는 이듬해 9~10월에 붉은빛을 띤 자주색으로 익는다. 　　　　열매

개비자나무 »260

- 개비자나무과 | 높이 3~6m | 늘푸른 바늘잎 작은키나무
- 계곡이나 숲속의 습기가 많은 곳

암꽃과 잎 뒷면의 숨구멍 2줄

🟢 잎은 바늘 모양으로 납작하고 잎끝이 비자나무 잎보다 부드럽다. 수꽃이다.

이듬해 붉은색으로 익는 열매

전나무 »300

- 소나무과 | 높이 40m | 늘푸른 바늘잎 큰키나무
- 높은 산, 관상용으로 정원이나 공원

🟢 끝이 날카로운 바늘 모양의 잎이 가지에 촘촘하게 달린다. 수꽃은 가지 끝 잎겨드랑이, 암꽃은 수꽃 가까이에 달린다.

구상나무 »263

- 소나무과 | 높이 18m | 늘푸른 바늘잎 큰키나무
- 덕유산, 지리산, 한라산 등의 높은 산

가지 전체에 바늘 모양의 잎이 돌아가며 달린다. 수꽃은 초록빛을 띤 갈색, 암꽃은 짙은 자주색을 띤다.

달걀 모양의 열매에 날개 달린 씨앗들이 촘촘히 박혀 있다.

끝이 오목하게 파이고, 뒷면은 흰색을 띤 잎

독일가문비 »271

- 소나무과 | 높이 50m | 늘푸른 바늘잎 큰키나무
- 유럽 원산, 관상용으로 정원이나 공원

🌢 수꽃은 누런빛을 띤 녹색이며, 바늘 모양의 잎 끝이 뾰족하다. 오래된 가지는 아래로 처진다.

잎 뒷면에 흰색 숨구멍과 암꽃

아래를 향해 달리는 열매

백송 »280

- 소나무과 | 높이 15m | 늘푸른 바늘잎 큰키나무
- 중국 원산, 관상용으로 정원이나 공원

기다란 타원 모양의 수꽃과 달걀 모양의 암꽃

🌢 잎은 바늘 모양으로 3장씩 모여 달린다. 줄기는 큰 비늘처럼 껍질이 벗겨져 얼룩져 보이고 오래되면 연한 회색이 된다.

일본잎갈나무 »298

- 소나무과 | 높이 20~30m | 낙엽 지는 바늘잎 큰키나무
- 일본 원산, 산에 주로 심음

● 붉은빛을 띤 갈색 수꽃과 연녹색의 암꽃 그리고 묵은 열매가 보인다.

바늘 모양으로 20~30장씩 모여나는 잎

● 가을에 노란색 단풍이 들고, 잎이 떨어져 '낙엽송'이라고 부르기도 한다.

곰솔 »262

- 소나무과 | 높이 20m | 늘푸른 바늘잎 큰키나무
- 주로 바닷가 근처

🟢 햇가지 끝에 달린 연한 자주색 암꽃과 햇가지 밑에 달린 수꽃, 묵은 열매가 보인다.　　　　　새순

🟢 바늘 모양의 잎은 2장씩 모여나며, 소나무 잎보다 두툼하고 거칠다. 주로 바닷가에서 자라며 바닷바람을 막아 준다.(왼쪽은 열매)

소나무 »289

- 소나무과 | 높이 35m | 늘푸른 바늘잎 큰키나무
- 산, 가로수, 정원이나 공원

🌿 바늘 모양의 잎이 2장씩 모여 난다. 햇가지 밑에는 수꽃이, 햇가지 끝에는 암꽃이 달린다.

🌿 줄기는 오래되면 검은빛을 띤 갈색으로 변하고, 세로로 깊이 갈라져 비늘 모양으로 껍질이 벗겨진다. 열매

햇가지 밑에 달리는 반송 수꽃

🌿 **반송**은 나무 밑부분에서 굵은 가지가 갈라진다. 햇가지 끝에 돌려나는 반송 암꽃

리기다소나무 »274

- 소나무과 | 높이 25m | 늘푸른 바늘잎 큰키나무
- 북아메리카 원산, 정원이나 공원

줄기에 수염처럼 모여난 잎

짧은 가시가 있는 열매

🟢 햇가지 끝에는 암꽃, 햇가지 아랫부분에는 수꽃이 핀다. 바늘 모양의 잎이 3장씩 모여 달린다.

섬잣나무 »289

- 소나무과 | 높이 30m | 늘푸른 바늘잎 큰키나무
- 울릉도

바늘 모양으로 5장씩 모여 나는 잎과 열매

열매

🟢 햇가지 아랫부분에는 수꽃, 햇가지 끝에는 암꽃이 핀다. 잣나무보다 잎이 절반가량 짧다.

172

스트로브잣나무 »290

- 소나무과 | 높이 30m | 늘푸른 바늘잎 큰키나무
- 북아메리카 원산, 정원이나 공원

● 햇가지 아랫부분에는 연노란색 수꽃, 햇가지 끝에는 연한 녹색이거나 자주색 암꽃(오른쪽)이 핀다.

잣나무와 달리 원기둥 모양인 열매

● 잎은 5장씩 모여 달린다. 줄기는 밋밋한 편이시만 오래될수록 세로로 깊게 갈라신다.

잣나무 »300

- 소나무과 | 높이 30m | 늘푸른 바늘잎 큰키나무
- 열매를 얻기 위해 산에 심음

바늘 모양으로 5장씩 모여 달리는 잎

씨앗이 안에 박혀 있는 열매

● 햇가지 밑에는 타원 모양의 수꽃이, 햇가지 끝에는 암꽃이 모여 달린다.

● 줄기는 검은빛을 띤 갈색이고 껍질이 불규칙하게 벗겨진다.

금송 »264

- 금송과 | 높이 10~30m | 늘푸른 바늘잎 큰키나무
- 일본 원산. 관상용으로 정원이나 공원

봄에 꽃이 피는 나무 ⋮ 녹색

🟢 수꽃은 가지 끝에서 20~30송이씩 모여 피고(왼쪽), 타원 모양의 암꽃은 1~2송이씩 달린다.   암꽃 자리에 맺힌 열매

🟢 2장이 모여나는 잎은 넓고 두껍다. 잎 뒤 가운데에 숨구멍 줄이 있다. 줄기는 세로로 얇게 벗겨진다. 나무는 원뿔 모양으로 자란다.

메타세쿼이아 »276

- 측백나무과 | 높이 35~50m | 낙엽 지는 바늘잎 큰키나무
- 중국 원산, 가로수

꼬리 모양으로 모여 달린 수꽃(왼쪽)과 어린 가지 끝에 달린 공 모양의 암꽃

🟢 작은 잎들이 깃털 모양으로 마주난다. 둥근 열매는 자루가 길다. 잎이 붉은 갈색으로 물들며 '살아 있는 화석 식물'로 알려졌다.

낙우송 »266

- 측백나무과 | 높이 20~50m | 낙엽 지는 바늘잎 큰키나무
- 북아메리카 원산, 공원이나 연못 주변의 물가

🟢 수꽃은 원뿔 모양으로 아래로 늘어지고, 암꽃은 공 모양으로 녹색이다. 작은 잎들이 깃털 모양으로 어긋나게 달린다.

열매 자루가 짧고, 9월에 공 모양으로 익는 열매

🟢 물가에 자라면서 땅 밖으로 무릎 모양의 공기뿌리(기근)들이 튀어나온다. 붉은빛을 띤 갈색으로 단풍이 든다.

삼나무 »287

- 측백나무과 | 높이 40m | 늘푸른 바늘잎 큰키나무
- 일본 원산, 산지

🟢 녹색을 띤 암꽃과 연한 갈색의 수꽃이 함께 핀다. 잎은 나사 모양으로 돌려나고 끝이 뾰족하다. 잎 양쪽에 숨구멍 줄이 있다.

🟢 둥근 열매는 10~11월에 갈색으로 익는다. 붉은빛을 띤 갈색 줄기는 세로로 길게 갈라진다.

측백나무 »305

- 측백나무과 | 높이 25m | 늘푸른 바늘잎 큰키나무
- 대구, 단양, 안동 등 석회암 지대

● 지난해 가지 끝에서 둥근 모양으로 수꽃(왼쪽)과 암꽃(오른쪽)이 핀다. 잎은 비늘 모양으로 겹쳐 마주나기 한다.

● 열매는 둥근 모양에 흰빛을 띠고 갈고리 모양의 돌기가 있다. 붉은빛을 띤 갈색으로 익은 열매에 씨앗이 1~2개 있다.

서양측백나무 »288

- 측백나무과 | 높이 20m | 늘푸른 바늘잎 큰키나무
- 북아메리카 원산, 울타리나 정원과 공원

● 수꽃은 둥근 모양, 암꽃은 달걀 모양이다. 비늘 모양으로 겹쳐 나는 잎 앞면은 녹색, 뒷면은 노란빛을 띤 녹색이다. 열매가 달걀 모양이다.

화백 »310

- 측백나무과 | 높이 50m | 늘푸른 바늘잎 큰키나무
- 일본 원산, 산이나 정원, 공원

● 비늘 모양으로 겹쳐 나는 잎 뒷면에 'W'자나 '나비 모양'의 흰색 숨구멍 줄이 있다. 둥근 모양의 열매는 편백보다 크기가 작다.

편백 »308

- 측백나무과 | 높이 40m | 늘푸른 바늘잎 큰키나무
- 일본 원산, 산과 들, 공원

가지 끝에서 피는 붉은빛을 띤 갈색 수꽃

🟢 암꽃은 가지 끝에서 연한 갈색으로 핀다. 비늘 모양으로 겹쳐 나는 잎 뒷면에 'Y'자 모양의 흰색 숨구멍 줄이 있다.

🟢 열매는 8~10조각이 모여 공 모양을 이룬다. 열매 가운데에 배꼽이 있다.

노간주나무 »267

- 측백나무과 | 높이 5~8m | 늘푸른 바늘잎 작은키나무
- 산의 건조한 지대

● 잎 3장이 돌려나며 앞면에 흰색의 좁은 홈이 있다.

검은빛을 띤 갈색으로 익는 열매

향나무 »309

- 측백나무과 | 높이 15~20m | 늘푸른 바늘잎 큰키나무
- 울릉도, 강원도, 경상북도의 일부

● 비늘 모양의 잎과 끝이 뾰족한 바늘 모양의 잎이 함께 달린다.

검은빛을 띤 자주색으로 익는 향나무 열매

비늘잎만 달리는 **향나무 '가이즈카'** 열매

여름·가을에 꽃이 피는 나무

붉은색 184쪽

노란색 204쪽

흰색 219쪽

녹색 245쪽

병조희풀 »282

- 미나리아재비과 | 높이 1m | 낙엽 지는 넓은잎 작은키나무
- 숲속이나 숲 가장자리

🟢 달걀 모양의 작은 잎 3장이 모여 달린다. 꽃이 항아리 또는 통 모양이다. 비슷한 종 **자주조희풀**(오른쪽)은 꽃받침 아래쪽이 볼록하지 않고 꽃잎이 뒤로 말리듯 젖혀진다.

좀깨잎나무 »301

- 쐐기풀과 | 높이 0.5~1m | 낙엽 지는 넓은잎 작은키나무
- 산골짜기나 숲 가장자리

🟢 붉은빛이 도는 줄기의 잎겨드랑이 밑부분에 수꽃이, 윗부분에는 암꽃이 달린다. 열매는 여러 개가 모여 달리며 털이 있다.

산수국 »286

- 수국과 | 높이 1~2m | 낙엽 지는 넓은잎 작은키나무
- 산지의 계곡 주변이나 숲속

🟢 꽃차례 가운데에 열매 맺는 꽃들이, 아래는 열매 맺지 않는 분홍색 또는 하늘색 장식 꽃이 달린다. 꽃이 지면 장식 꽃이 뒤집어진다.

수국 »290

- 수국과 | 높이 1m | 낙엽 지는 넓은잎 작은키나무
- 일본 원산, 정원이나 공원

흙 성질에 따라 다양한 꽃색

🟢 흙의 성질에 따라 꽃색이 알칼리성에서는 붉은색이, 강한 산성에서는 푸른색을 띤다. 꽃잎처럼 보이는 부분은 꽃받침이다.

꼬리조팝나무 »265

- 장미과 | 높이 1~1.5m | 낙엽 지는 넓은잎 작은키나무
- 중부 이북의 산골짜기

수술이 긴 꽃

열매

● 6~8월에 줄기 끝에서 분홍색의 작은 꽃이 원뿔 모양으로 모여 핀다. 수술이 꽃잎보다 길다. 열매는 갈색으로 익는다.

일본조팝나무 »299

- 장미과 | 높이 1m | 낙엽 지는 넓은잎 작은키나무
- 일본 원산, 정원이나 공원

● 줄기 끝에서 분홍색 작은 꽃들이 우산 모양으로 모여 핀다. 8~9월에 열매가 익으면 껍질이 벌어진다. 노란색으로 단풍이 든다.

자귀나무 »299

- 콩과 | 높이 3~5m | 낙엽 지는 넓은잎 작은키나무
- 산과 들, 정원이나 공원

납작한 꼬투리 열매

● 꽃은 가지 끝에서 우산 모양으로 모여 피고, 기다란 수술이 털처럼 보인다. 새의 깃털처럼 마주 보고 달린 작은 잎들이 밤이면 합쳐진다.

조록싸리 »300

- 콩과 | 높이 2~3m | 낙엽 지는 넓은잎 작은키나무
- 산

더운 한낮에 곧게 선 잎

● 가지 끝에서 나비 모양의 붉은색 꽃이 모여 핀다. 끝이 뾰족하고 마름모 모양의 잎 3장이 모여 달린다.

납작한 반달 모양의 꼬투리 열매

싸리 »291

- 콩과 | 높이 3m | 낙엽 지는 넓은잎 작은키나무
- 산, 공원

🟢 끝이 둥글고 가운데가 오목한 작은 잎 3장이 모여 달린다. 긴 꽃자루 끝에 나비 모양의 꽃이 모여 핀다.

작은 잎 3장이 모여 나고 잎자루가 짧은 참싸리 잎

🟢 비슷한 종 **참싸리**는 꽃자루가 짧은 꽃이 모여 핀다. 달걀 모양의 꼬투리 열매에 씨앗이 1개 있다.

참싸리 열매

칡 »306

- 콩과 | 길이 10m 이상 | 넓은잎 덩굴나무
- 산이나 들

● 마름모 모양의 잎 3장이 모여 달린다. 나비 모양의 꽃이 밑에서부터 피기 시작해 끝까지 핀다.

● 뜨거운 한낮에는 잎을 접는다. 납작한 꼬투리 열매에 갈색 잔털이 빽빽하다.

낭아초 »267

- 콩과 | 높이 0.2~0.5m | 낙엽 지는 넓은잎 작은키나무
- 남부 지방의 바닷가 풀밭

● 긴 꽃대에 꽃들이 밑에서부터 피기 시작한다. 가지가 많이 갈라져 옆으로 바닥을 기며 자란다.

큰낭아초 »306

- 콩과 | 높이 1~2m | 낙엽 지는 넓은잎 작은키나무
- 중국 원산, 전국의 절개지 녹화용

● 낭아초보다 꽃과 열매가 길고 잎이 크다.

나비 모양의 꽃

원기둥 모양의 열매

낙상홍 »266

- 감탕나무과 | 높이 2~3m | 낙엽 지는 넓은잎 작은키나무
- 일본 원산, 정원이나 공원

🟢 암수딴그루로 연한 분홍색 꽃이 핀다.(수꽃)

꽃잎이 5장인 암꽃

열매

🟢 북아메리카가 원산인 **미국낙상홍**은 암수딴그루로 흰색 꽃이 5~8송이씩 모여 핀다.(암꽃)

미국낙상홍 수꽃

미국낙상홍 열매

배롱나무 »280

- 부처꽃과 | 높이 5m | 낙엽 지는 넓은잎 작은키나무
- 중국 원산, 정원이나 공원

암술대 1개가 길게 나와 있는 꽃

● 꽃이 오랫동안 피어 '백일홍나무'라고도 하고, 나무줄기를 문지르면 마치 간지럼을 타듯 나무가 흔들려 '간지럼나무'라고도 한다.

● 암술대가 남아 있는 열매는 타원 모양으로 10월에 익는다. 열매가 익으면 6갈래로 갈라진다.

● **적피배롱나무**는 붉은빛을 띤 갈색 줄기에 흰색 꽃이 아래로 늘어져서 핀다.

무궁화 »277

- 아욱과 | 높이 4m | 낙엽 지는 넓은잎 작은키나무
- 중국·인도 원산, 오래전부터 한반도 등에 분포

갈라진 열매에서 보이는 털이 있는 씨앗

● 분홍색 또는 흰색 꽃이 아침에 피었다가 저녁 무렵 꽃잎을 말고 통째로 떨어진다. 꽃 밑부분에 진한 색의 무늬가 있는 품종(단심계)이다.

병솔나무 »281

- 도금양과 | 높이 8m | 늘푸른 넓은잎 작은키나무
- 오스트레일리아 원산, 정원이나 공원

● 5~8월에 가지 끝에서 붉은색 꽃이 병을 닦는 솔 모양으로 모여 핀다.

오갈피나무 »294

- 두릅나무과 | 높이 3~4m | 낙엽 지는 넓은잎 작은키나무
- 산에서 자라며 약재용

🟢 작은 잎 3~5장이 손바닥 모양으로 달린다. 가지 끝에서 자줏빛 작은 꽃이 모여 핀다.

🟢 10월에 열매가 검은빛으로 익는다. 줄기에 껍질눈이 있어 울퉁불퉁하며 가시가 있기도 하다.

부들레야 »283 ☠

- 현삼과 | 높이 1~2m | 낙엽 지는 넓은잎 작은키나무
- 중국 원산, 관상용으로 정원이나 공원

꽃

🟢 가지 끝에 원뿔 모양으로 작은 꽃이 촘촘하게 달린다. 연한 자주색, 흰색, 노란색 꽃들이 아래에서 위쪽으로 순서대로 핀다. 독성이 있다.

협죽도 »309 ☠

- 협죽도과 | 높이 3m | 늘푸른 넓은잎 작은키나무
- 인도 원산, 남부 지방에서 가로수나 관상용

● 잎은 대나무를, 꽃은 복숭아꽃을 닮았다. 겹꽃이 피는 것을 주로 심는다. 독성이 강하다.

좀목형 »301

- 꿀풀과 | 높이 2m | 낙엽 지는 넓은잎 작은키나무
- 경기도와 경상도의 숲 가장자리나 바위틈

● 3~5장의 작은 잎이 손바닥 모양으로 모여 달린다. 줄기와 잎, 열매에서 향기가 난다.

원뿔 모양으로 피는 꽃

검은빛을 띤 갈색으로 익는 열매

작살나무 »299

- 꿀풀과 | 높이 2~3m | 낙엽 지는 넓은잎 작은키나무
- 산, 정원이나 공원

● 회색빛을 띤 갈색 가지에 잎이 마주나고 잎끝이 뾰족하다. 잎겨드랑이에서 우산 모양으로 꽃이 모여 핀다.

● 줄기를 중심으로 가지가 정확하게 둘로 갈라진다. 열매는 보라색으로 익고 좀작살나무보다 성기게 달린다.

좀작살나무 »301

- 꿀풀과 | 높이 1.5m | 낙엽 지는 넓은잎 작은키나무
- 산

🟢 잎은 가장자리 3분의 2까지에만 톱니가 있고 뒷면에 샘점이 있다. 작살나무보다 크기가 작지만 열매가 많이 달린다.

🟢 꽃과 열매가 흰색인 **흰좀작살나무**도 있다.

순비기나무 »290

- 꿀풀과 | 높이 0.3~0.7m | 낙엽 지는 넓은잎 작은키나무
- 바닷가 근처

● 바닷가 모래밭에 옆으로 길게 뻗은 줄기 마디에서 수염뿌리를 내리면서 자란다. 꽃줄기에 원뿔 모양으로 작은 꽃들이 모여 핀다.

검은빛을 띤 자주색으로 익는 열매

● 식물 전체에 회색빛을 띤 흰색 잔털이 덮여 있고 도톰한 잎이 마주난다.

마주나는 잎

층꽃나무 »305

- 꿀풀과 | 높이 0.3~0.6m | 낙엽 지는 넓은잎 작은키나무
- 남부 지방, 정원이나 공원

작은 꽃들이 빙 돌아가며 층을 이루는 꽃

흰색 꽃이 피는 **흰층꽃나무**

● 키가 작아 풀처럼 보인다. 달걀 모양의 잎은 마주나고, 가장자리에 큰 톱니가 있다.

백리향 »280

- 꿀풀과 | 높이 0.2~0.4m | 늘푸른 넓은잎 작은키나무
- 높은 산꼭대기나 바닷가 바위틈, 정원이나 공원

2~4송이씩 가지 끝에서 모여 피는 꽃

열매

● 줄기가 옆으로 퍼져 땅을 기면서 자란다. 식물에서 나는 향기가 멀리까지 퍼진다.

라벤더 »273

- 꿀풀과 | 높이 0.6~1.2m | 늘푸른 바늘잎 작은키나무
- 남유럽 지중해 연안 원산, 관상용

● 꽃, 잎, 줄기를 덮고 있는 털 사이에 향기를 뿜어내는 기름샘이 있어 향기가 짙다. 품종이 다양하다. 잎이 가늘고 뾰족하다.

로즈마리 »274

- 꿀풀과 | 높이 0.5~1.5m | 늘푸른 바늘잎 작은키나무
- 남유럽 지중해 연안 원산, 관상용

길게 뻗은 암술대

● 줄기는 네모지고 잔가지가 많다. 가늘고 긴 잎 뒷면에 회색 털이 많고 기름샘이 있다. 식물에서 향기가 난다.

란타나 »273

- 마편초과 | 높이 2~5m | 늘푸른 넓은잎 작은키나무
- 아메리카 열대 지역이 원산, 제주도, 관상용

● 시간이 지나면서 꽃색이 변하여 '칠변화'라고도 한다. 약간 도톰한 잎에 주름이 많다. 식물 전체에 독성이 있다.

● 꽃색은 주황색, 노란색, 분홍색, 보라색이다.

● 긴 꽃줄기 끝에 작은 꽃들이 빽빽하게 달린다.

검은색으로 익는 열매

구기자나무 »263

- 가지과 | 높이 4m | 낙엽 지는 넓은잎 작은키나무
- 산비탈, 들, 길가

● 줄기는 비스듬하게 자라면서 끝이 아래로 처진다. 잎겨드랑이에서 꽃이 핀다. 붉은색으로 익는 열매를 '구기자'라고 한다.

천사의나팔 »304 ☠

- 가지과 | 높이 3~5m | 늘푸른 넓은잎 작은키나무
- 남아메리카 원산, 관상용

노란색 꽃

흰색 꽃

● 나팔 모양으로 주황색, 노란색, 흰색, 분홍색 꽃이 아래를 향해 핀다. 잎은 기다란 타원 모양이며 식물에 독성이 있다.

능소화 »268

- 능소화과 | 길이 10m | 낙엽 지는 넓은잎 덩굴나무
- 중국 원산, 관상용으로 정원이나 공원

● 가지 끝에서 꽃이 5~15송이씩 모여 달린다. 줄기 곳곳에서 나온 공기뿌리로 벽이나 다른 나무에 붙어 덩굴로 자란다.

● 꽃부리가 짧고 꽃의 지름이 크며 잎맥이 뚜렷하다.

꽃부리가 길고 꽃의 지름이 작은 **미국능소화**

꾸지뽕나무 »266

- 뽕나무과 | 높이 3~5m | 낙엽 지는 넓은잎 작은키나무
- 남부 지방의 산기슭이나 들판

작은 꽃들이 모여 공 모양으로 피는 수꽃

잔 가지가 변한 가시

암술들이 뻗어 있고, 공 모양으로 모여 핀 암꽃

● 암수딴그루로 꽃이 핀다. 공 모양의 열매는 울퉁불퉁하고 붉게 익는다. 오래된 줄기는 세로로 갈라져 껍질이 벗겨진다.

밤나무 »279

- 참나무과 | 높이 15m | 낙엽 지는 넓은잎 큰키나무
- 산이나 들

● 긴 타원 모양의 잎은 끝이 뾰족하고 가장자리에 가시 같은 톱니가 달린다.

꼬리 모양으로 달린 수꽃

수꽃 밑에 2~3송이씩 달리는 밤송이 모양의 암꽃

밤송이 하나에 1~3개 열리는 열매

참식나무 »303

- 녹나무과 | 높이 10m | 늘푸른 넓은잎 큰키나무
- 울릉도나 남부 지방

🟢 암수딴그루로 암수 모두 꽃대가 없다.(오밀조밀하게 모여 핀 수꽃)

곤봉 모양의 암술이 하나 있는 암꽃들

🟢 어린잎은 잔털이 빽빽하고 아래로 처진다. 둥근 열매는 이듬해 10월에 붉은색으로 익는다.

까마귀쪽나무 »265

- 녹나무과 | 높이 7m | 늘푸른 넓은잎 작은키나무
- 남부 지방의 섬이나 제주도 바닷가 근처

암수딴그루의 수꽃(왼쪽)과 암꽃

🟢 긴 타원 모양의 잎이 두툼하고 반질반질하다. 잎 뒷면은 주맥이 튀어나오고 누런빛을 띤 갈색 털이 촘촘하다.

물싸리 »278

- 장미과 | 높이 1.5m | 낙엽 지는 넓은잎 작은키나무
- 북부 지방의 고산지대, 관상용으로 정원이나 공원

🟢 작은 잎 3~7장이 어긋나고, 햇가지나 잎겨드랑이에서 노란색 꽃이 핀다.

회화나무 »311

- 콩과 | 높이 10~30m | 낙엽 지는 넓은잎 큰키나무
- 중국 원산, 마을 근처

아까시나무 꽃을 닮은 나비 모양의 꽃

🟢 작은 잎 7~15장이 깃털 모양으로 모여 달린다. 꼬투리 열매는 구슬 목걸이처럼 늘어지고 씨앗은 검은콩 모양이다.

예덕나무 »294

- 대극과 | 높이 2~6m | 낙엽 지는 넓은잎 작은키나무
- 남부 지방의 산이나 바닷가

🟢 암수딴그루로 6~7월에 햇가지 끝에서 자잘한 연한 노란색 꽃이 모여 핀다.(왼쪽 수꽃, 오른쪽 암꽃)

둥근 세모 모양의 열매

🟢 잎자루가 길고 붉은색을 띠며 밑부분에 샘점이 있다. 어린잎은 붉은빛을 띤 갈색이다.

검은빛을 띤 갈색 씨앗

광대싸리 »263

- 대극과 | 높이 1~3m | 낙엽 지는 넓은잎 작은키나무
- 산이나 들

암수딴그루로 꽃자루가 짧은 수꽃

꽃자루가 긴 암꽃

● 가지가 아래로 처지고 많이 갈라지는 모습이 싸리 종류를 닮았다. 작은 잎이 어긋나기로 모여 달린다.

● 둥글납작한 열매는 누런빛을 띤 갈색으로 익고 가시 모양의 돌기가 있다. 껍질이 세로로 살게 갈라신나.

산초나무 »287

- 운향과 | 높이 3m | 낙엽 지는 넓은잎 작은키나무
- 산이나 들

🟢 가지 끝에서 수꽃(왼쪽)과 암꽃(오른쪽)이 따로 피는 암수딴그루다.

작은 잎 13~21장이 깃털 모양으로 어긋나게 달린 잎

🟢 가시가 줄기에 어긋나게 난다. 익은 열매가 갈라져 검은색 씨앗이 나온다.

붉나무 »283

- 옻나무과 | 높이 7m | 낙엽 지는 넓은잎 작은키나무
- 산이나 들

수꽃

암꽃

● 잎이 7~13장씩 깃털 모양으로 달린다. 암수딴그루로 원뿔 모양으로 꽃이 핀다.

날개가 달린 잎자루

신맛과 짠맛이 나는 열매

● 잎줄기 날개에 진딧물 한 종이 기생하여 벌레집을 만든다. 가을에 빨갛게 단풍이 든다.

무환자나무 »277

- 무환자나무과 | 높이 20m | 낙엽 지는 넓은잎 큰키나무
- 남부 지방

● 가장자리가 밋밋한 잎 9~13장이 깃털 모양으로 어긋나기로 모여 달린다. 가지 끝에서 꽃이 원뿔 모양으로 모여 핀다.

긴 달걀 모양의 잎

● 열매 속 검은 씨앗으로 염주를 만들고, 옛날에는 열매껍질을 비누 대신 사용했다.

밋밋하고 초록빛을 띤 갈색 껍질

모감주나무 »276

- 무환자나무과 | 높이 8~10m | 낙엽 지는 넓은잎 작은키나무
- 해안가나 산지

가운데가 붉은색을 띤 꽃

● 작은 잎 7~15장이 모여 깃털 모양으로 어긋나게 달린다. 가지 끝에서 노란색 꽃이 원뿔 모양으로 모여 핀다.

반들반들 윤이 나는 검은색 씨앗

● 꽈리처럼 생긴 연녹색 열매는 점점 갈색으로 익는다.

겨울눈

대추나무 »270

- 갈매나무과 | 높이 8m | 낙엽 지는 넓은잎 작은키나무
- 중국 원산, 과일나무

🟢 잎은 가장자리에 둔한 톱니가 있고, 잎맥 3줄이 뚜렷하며 반들거린다. 잎겨드랑이에서 피는 꽃은 수술이 5개, 암술이 1개다.

🟢 열매는 붉은빛을 띤 갈색 또는 진한 갈색으로 익는다. 회색빛을 띤 갈색 줄기는 세로로 불규칙하게 갈라진다.

피나무 »308

- 아욱과 | 높이 20m | 낙엽 지는 넓은잎 큰키나무
- 산

● 꽃은 잎겨드랑이에서 3~20송이씩 모여 핀다. 꽃자루에 긴 타원 모양의 꽃싸개가 달린다. 잎은 넓은 달걀 모양에 끝이 길게 뾰족하다.

● 갈색으로 익는 열매에 털이 빽빽하다.

잎 뒷면이 회백색을 띤 **찰피나무**

여름 가을에 꽃이 피는 나무 :: 노란색

벽오동(벽오동나무) »281

- 아욱과 | 높이 15m | 낙엽 지는 넓은잎 큰키나무
- 중국 원산, 관상용으로 정원이나 공원

🟢 넓고 큰 잎은 끝이 3~5갈래로 갈라진다. 잎보다 잎자루가 길다. 가지에 암꽃과 수꽃이 함께 핀다.

🟢 손바닥 모양으로 5개가 모여 달린 열매가 벌어지면 씨앗이 드러난다. 줄기는 푸른빛을 띤 녹색이며 매끈하다. 겨울눈과 잎이 달린 흔적

망종화 »275

- 물레나물과 | 길이 1m | 낙엽 지는 넓은잎 작은키나무
- 중국 원산, 관상용

🟢 무리 지어 자라서 덩굴처럼 보인다. 6~9월에 가지 끝에서 노란색 꽃이 핀다. 암술대가 4갈래로 갈라진다.

🟢 달걀 모양의 열매는 10~11월에 갈색으로 익는다.

망종화보다 잎이 가늘고 꽃이 작은 **갈퀴망종화**

송악 »290

- 두릅나무과 | 길이 10m 이상 | 늘푸른 넓은잎 덩굴나무
- 남부 지방

검은빛을 띤 자주색으로 익는 열매

● 줄기와 가지에서 공기뿌리가 나와 다른 물체에 붙어 덩굴로 자란다. 잎이 약간 오목하다.

다른 나무에 붙어 자라는 덩굴

아이비 »292

- 두릅나무과 | 길이 30m 이상 | 늘푸른 넓은잎 덩굴나무
- 유럽, 서아시아, 북아프리카, 카나리아 제도 원산

● 가지에서 공기뿌리가 나와 다른 물체에 붙어 덩굴로 자란다. 심장 모양의 잎이 3~5갈래로 갈라진다. 독성이 있다. 잎에 노란색이나 흰색 무늬가 있는 품종도 있다.

으아리 »296 ☠

- 미나리아재비과 | 길이 2m | 낙엽 지는 넓은잎 덩굴나무
- 산기슭이나 숲 가장자리

🟢 가느다란 줄기가 덩굴로 자라며, 잎자루가 길어지면 덩굴손 역할을 한다. 열매에 기다란 암술대가 날개처럼 남아 있다.

사위질빵 »285

- 미나리아재비과 | 길이 3m | 낙엽 지는 넓은잎 덩굴나무
- 산이나 들

원뿔 모양으로 모여 피는 꽃

🟢 줄기는 세로로 불규칙하게 골이 져 있다. 끝이 2~3갈래로 갈라진 잎이 3장씩 모여 달린다. 암술대가 변한 실 모양의 털이 달린 씨앗

여름, 가을에 꽃이 피는 나무 :: 흰색

남천 »267

- 매자나무과 | 높이 1~3m | 늘푸른 넓은잎 작은키나무
- 중국 원산, 정원이나 공원

꽃

붉은색 열매와 아름다운 단풍

● 갈색 줄기에 세로로 얕은 홈이 있다. 타원 모양의 작은 잎이 깃털 모양으로 3번 모여 달린다.

고광나무 »261

- 수국과 | 높이 2~4m | 낙엽 지는 넓은잎 작은키나무
- 산기슭이나 골짜기

향기가 나는 꽃

암술대가 남아 있는 열매

● 잎은 가장자리에 톱니가 있다. 6~7월에 가지 끝에서 흰색 꽃이 5~7송이씩 모여 핀다.

나무수국 »266

- 수국과 | 높이 2~3m | 낙엽 지는 넓은잎 작은키나무
- 일본 원산, 정원이나 공원

함께 모여 핀 장식 꽃과 진짜 꽃

겨울에도 달려 있는 마른 꽃

● 가지 끝에서 장식 꽃과 암술·수술이 있는 꽃들이 원뿔 모양으로 모여 핀다.

쉬땅나무 »290

- 장미과 | 높이 2m | 낙엽 지는 넓은잎 작은키나무
- 산골짜기

수수 이삭을 닮은 꽃 모양

열매

● 잎끝이 길고, 겹톱니가 있는 작은 잎 13~23장이 깃털 모양으로 모여 달린다. 열매는 갈색으로 익는다.

비파나무 »284

- 장미과 | 높이 3~8m | 늘푸른 넓은잎 작은키나무
- 중국 원산, 남부 지방에서 관상용이나 과수용

가지 끝에서 모여 피는 꽃

● 잎이 중국의 악기인 비파를 닮았다. 둥근 모양의 열매는 이듬해 5~6월에 살구색으로 익는데 먹을 수 있다.

다릅나무 »269

- 콩과 | 높이 15m | 낙엽 지는 넓은잎 큰키나무
- 산

잎과 열매

줄기

● 가지 끝에서 꽃들이 모여 핀다. 줄기는 검은빛을 띤 갈색 또는 누런빛을 띤 갈색이다.

참죽나무 »304

- 멀구슬나무과 | 높이 20m | 낙엽 지는 넓은잎 큰키나무
- 중국 원산, 마을 근처

● 작은 잎 10~20장이 깃털 모양으로 모여 달리고, 원뿔 모양의 꽃대에 꽃이 모여 달린다.

● 갈색으로 익은 열매가 5갈래로 갈라져 나무에 달린 모습이 꽃처럼 보인다.

새로 나오는 잎

세로로 불규칙하게 갈라지는 껍질

쉬나무 »290

- 운향과 | 높이 7m | 낙엽 지는 넓은잎 작은키나무
- 낮은 산지나 마을 근처

● 햇가지 끝에서 흰색 꽃이 접시 모양으로 모여 핀다. 작은 잎 7~11장이 깃털 모양으로 모여 달린다.

● 옛날에 검은색 씨앗으로 기름을 짜서 등불을 밝히거나 머리에 바르기도 했다.

냄새가 독특한 잎

가중나무(가죽나무) »258

- 소태나무과 | 높이 20m | 낙엽 지는 넓은잎 큰키나무
- 중국 원산, 마을 근처

🌿 원뿔 모양으로 초록빛이 도는 흰색 꽃이 모여 핀다.

날개가 있는 열매와 씨앗

잎이 붙었던 심장 모양의 자국

🌿 작은 나뭇잎 13~27장이 어긋나기로 모여 달린다. 9월~10월에 익은 열매는 이듬해 봄까지 달려 있다.

꽝꽝나무 »266

- 감탕나무과 | 높이 3m | 늘푸른 넓은잎 작은키나무
- 제주도를 포함한 남부 지방의 섬

수꽃

암꽃

🟢 잎 가장자리에 얕은 톱니가 있으며 도톰하면서 반들거린다. 암수딴그루로 꽃이 핀다.

🟢 열매는 검은색으로 익는다. 가지가 치밀하고 잎이 촘촘하게 나서 가지를 다듬어 동물 모양 등으로 꾸민다.

미역줄나무 »279

- 노박덩굴과 | 길이 2m | 낙엽 지는 넓은잎 덩굴나무
- 산

원뿔 모양으로 모여 피는 꽃

날개가 3개 달린 열매

● 잎은 타원 모양으로 끝이 뾰족하고 어긋나기 한다.

담팔수 »270

- 담팔수과 | 높이 10~20m | 늘푸른 넓은잎 큰키나무
- 남부 지방의 산기슭

가지의 잎겨드랑이에서 피는 꽃

검은빛을 띤 자주색으로 익는 열매

● 잎이 좁고 기다란 모양이며, 가장자리에 물결 모양의 톱니가 있다.

개오동 »260

- 능소화과 | 높이 6~10m | 낙엽 지는 넓은잎 작은키나무
- 중국 원산, 관상용, 정원이나 공원

자주색 점이 있는 입술 모양의 꽃잎

개오동보다 키가 크고, 잎자루가 긴 **꽃개오동**

● 가지 끝에서 누런 빛을 띤 흰색 꽃이 원뿔 모양으로 모여 핀다.

장구밥나무 »300

- 아욱과 | 높이 2m | 낙엽 지는 넓은잎 작은키나무
- 산기슭이나 바닷가

열매

장구를 닮은 열매

● 잎끝이 뾰족하고 가장자리에 불규칙한 톱니가 있다. 열매가 장구통같이 가운데 부분이 오목하다.

개다래 »259

- 다래나무과 | 길이 5m | 낙엽 지는 넓은잎 덩굴나무
- 산지의 계곡이나 하천 근처

🟢 덩굴로 자라며 암수딴그루다(사진은 수꽃). 꽃이 필 무렵 잎 앞면에 흰색 무늬가 생긴다.

🟢 꽃자리에 벌레혹이 생기는데 이것을 약재로 쓴다. 타원 모양의 열매는 노란색으로 익는다.

🟢 비슷한 종 **쥐다래**는 흰색이거나 흰색 무늬의 잎이 시간이 지나면 분홍색으로 변하며, 열매는 긴 달걀 모양 또는 타원 모양이다.

다래 »269

- 다래나무과 | 길이 20m | 낙엽 지는 넓은잎 덩굴나무
- 산

🟢 암수딴그루로 꽃이 핀다. 사진은 가짜 수술이 둘러싼 누런빛이 감도는 흰색 암꽃이다.

🟢 잔털이 뽀송뽀송한 새순은 나물로 먹을 수 있다. 오래된 껍질은 밝은 회색을 띠며 껍질이 불규칙하게 벗겨진다.

🟢 열매가 초록빛을 띤 누런색으로 익으면 먹을 수 있다. 단맛이 난다.

노각나무 »267

- 차나무과 | 높이 7~15m | 낙엽 지는 넓은잎 큰키나무
- 남부 지방의 산

동백꽃과 모양이 비슷한 하얀 꽃

위쪽이 뾰족한 오각형 열매

● 잎은 타원 모양으로 양 끝이 뾰족하고 가장자리에 톱니가 있다.

후피향나무 »311

- 차나무과 | 높이 7~15m | 늘푸른 넓은잎 큰키나무
- 산기슭

붉은색을 띤 잎자루

붉은색으로 익는 열매

● 잎겨드랑이에 노란빛을 띤 흰색 꽃이 아래로 저져 날린다. 잎이 노톰하고 매끄럽다.

애기동백나무 »292

- 차나무과 | 높이 5~10m | 늘푸른 넓은잎 작은키나무
- 일본 원산, 관상용

흰색 홑꽃

흰색 겹꽃

🟢 12월에 잎겨드랑이나 가지 끝에서 흰색, 붉은색, 겹꽃 등의 꽃이 핀다.

차나무 »303

- 차나무과 | 높이 4~8m | 늘푸른 넓은잎 작은키나무
- 중국 원산, 남부 지방

1~3송이씩 모여 피는 꽃

이듬해 8~12월에 갈색으로 익는 열매

🟢 긴 타원 모양의 잎이 도톰하고 반들반들하다.

우묵사스레피 »296

- 차나무과 | 높이 2~3m | 늘푸른 넓은잎 작은키나무
- 남해안과 섬

● 암수딴그루로 잎겨드랑이에서 꽃이 1~4송이씩 아래를 향해 모여 핀다.(왼쪽 수꽃, 오른쪽 암꽃)

● 둥근 열매는 이듬해 꽃이 피는 시기에 검은빛을 띤 자주색으로 익는다. 잎이 오목하고 뒤로 말린다.

보리밥나무 »282

- 보리수나무과 | 높이 2~3m | 늘푸른 넓은잎 작은키나무
- 남해안과 섬

● 8~10월에 잎겨드랑이에서 1~3송이씩 꽃이 모여 핀다. 타원 모양의 열매는 이듬해 2~3월에 붉은색으로 익는다.

● 비슷한 종 **보리장나무**는 잎이 긴 타원 모양이며, 잎자루와 잎 뒷면이 갈색 비늘털로 덮여 있다.

팔손이 »307

- 두릅나무과 | 높이 2~4m | 늘푸른 넓은잎 작은키나무
- 바다 근처 숲

가지 끝에서 둥글게 모여 피는 꽃

이듬해 4~5월에 익는 열매

● 잎이 7~8갈래로 갈라져 손바닥 모양이다. 잎끝이 뾰족하고 반들반들하다.

음나무 »297

- 두릅나무과 | 높이 25m | 낙엽 지는 넓은잎 큰키나무
- 산

잎과 꽃

새순

● 줄기와 가지에 가시가 많다. 5~9갈래로 갈라진 손바닥 모양의 잎끝이 길고 뾰족하다.

두릅나무 »271

- 두릅나무과 | 길이 3~4m | 낙엽 지는 넓은잎 작은키나무
- 산

● 줄기 전체에 가시가 있다. 가지 끝에 초록빛을 띤 흰색 꽃이 핀다. 잎이 깃털 모양으로 2번 모여 달린다.

● 봄에 돋아나는 새순은 나물로 데쳐 먹는다. 둥근 열매는 검은색으로 익는다.

통탈목 »307

- 두릅나무과 | 높이 3~6m | 늘푸른 넓은잎 작은키나무
- 타이완 원산, 숲속

원뿔 모양으로 모여 피는 꽃

● 긴 잎자루 끝에 달리는 커다란 잎은 5~7갈래로 갈라지고 다시 2갈래로 갈라진다. 잎자루와 꽃차례에 갈색 털이 많다.

백량금 »280

- 앵초과 | 높이 1m | 늘푸른 넓은잎 작은키나무
- 제주도 숲속

● 줄기 윗부분에서 가지가 많이 갈라진다. 잎 가장자리에 물결 모양의 톱니가 있다. 둥근 열매는 붉은색으로 익는다.

자금우 »299

- 앵초과 | 높이 15~20cm | 늘푸른 넓은잎 작은키나무
- 숲속

● 지난해 가지의 잎겨드랑이에서 작은 흰색 꽃이 핀다. 기는줄기로 자라고 산호수보다 줄기에 털이 없다.

산호수 »287

- 앵초과 | 높이 15~20cm | 늘푸른 넓은잎 작은키나무
- 제주도 숲속

잎겨드랑이에서 피는 꽃

열매

● 기는줄기로 자라고 자금우보다 잎과 줄기에 털이 많다. 열매는 붉은색으로 익는다.

목서 »277

- 물푸레나무과 | 높이 3~5m | 늘푸른 넓은잎 작은키나무
- 중국 원산, 관상용

🟢 암수딴그루로 피는 꽃은 향기가 매우 좋다. 잎끝이 날카롭고 뾰족하며 잎 뒷면에 가운데 잎맥이 뚜렷하다. 사진은 암꽃이다.

🟢 비슷한 종 **금목서**는 꽃(사진은 수꽃)이 붉은빛을 띤 노란색이다.   목서와 구골나무 사이에 태어난 **은목서**

🟢 **구골나무**는 잎 가장자리가 밋밋하거나 톱니가 있다. 구골나무를 닮아 은목서는 어린잎일수록 가장자리에 톱니 모양이 선명하다.

광나무 »262

- 물푸레나무과 | 높이 3~5m | 늘푸른 넓은잎 작은키나무
- 산기슭

갓 맺힌 열매

검은색으로 익는 열매

🟢 넓은 타원 모양의 잎은 도톰하고 반들거리며, 끝이 뾰족하다. 햇가지 끝에서 꽃들이 모여 핀다.

개회나무 »260

- 물푸레나무과 | 높이 4~6m | 낙엽 지는 넓은잎 작은키나무
- 산

원뿔 모양으로 모여 피는 꽃

갈색으로 익는 열매

🟢 잎은 넓은 달걀 모양에 끝이 뾰족하다. 기다란 타원 모양의 열매는 갈색으로 익는다.

누리장나무 »268

- 꿀풀과 | 높이 2m | 낙엽 지는 넓은잎 작은키나무
- 산기슭이나 계곡 주변

🟢 줄기나 잎에서 누린내가 난다. 붉은색 꽃받침이 벌어지면 열매가 드러나고 푸른빛을 띤 자주색으로 익는다.

계요등 »261

- 꼭두서니과 | 길이 5~7m | 낙엽 지는 덩굴나무
- 산과 들

나팔꽃처럼 끝이 다섯 갈래로 갈라진 꽃

열매

🟢 줄기는 풀처럼 겨울에 말라 시든다. 식물 전체에서 닭의 오줌 냄새가 난다.

치자나무 »305

- 꼭두서니과 | 높이 2m | 늘푸른 넓은잎 작은키나무
- 중국 원산, 관상용

🟢 잎끝은 길게 뾰족하며 반들반들하다. 가지 끝에서 흰색 꽃이 핀다. 열매를 '치자'라고 하며, 약재로 쓰이거나 노란색 물을 들이기도 한다.

🟢 열매를 맺지 못하는 겹꽃이 피는 **꽃치자**

잎이 가늘고 무늬가 있는 **무늬애기치자나무**

아왜나무 »292

- 산분꽃나무과 | 길이 5~10m | 늘푸른 넓은잎 작은키나무
- 산기슭

🟢 흰색 꽃이 가지 끝에서 원뿔 모양으로 모여 피면서 점점 아래로 처진다.

🟢 긴 타원 모양의 잎은 끝이 뾰족하고 도톰하며 반들거린다. 열매는 붉은색에서 검은색으로 익는다.

꽃댕강나무 »265

- 인동과 | 높이 1~1.8m | 늘푸른 넓은잎 작은키나무
- 중국 원산, 울타리나 관상용

🟢 가지 끝에서 나팔 모양의 흰색 꽃이 원뿔 모양으로 모여 핀다.

꽃이 떨어져도 남아 있는 붉은빛의 꽃받침

씨앗을 맺지 못한 꽃받침이 달린 열매

인동(인동덩굴) »298

- 인동과 | 길이 3~4m | 늘푸른 넓은잎 덩굴나무
- 산과 들

🟢 잎겨드랑이에서 흰색 꽃이 1~2송이씩 모여 피며 점점 노란색으로 변한다. 향기가 좋다. 녹색 열매가 검은색으로 익는다.

🟢 비슷한 종 **붉은인동**은 덩굴에 털이 없이 매끈하다. 꽃송이가 붉은색이며, 녹색 열매는 붉은색으로 익는다.

유카 »296

- 비짜루과 | 높이 1~4m | 늘푸른 작은키나무
- 북아메리카 원산, 관상용으로 정원이나 공원

🟢 잎이 가늘고 길며 끝부분이 바늘처럼 뾰족하다. 줄기 끝에서 흰색 꽃이 아래를 향해 핀다.

참느릅나무 »303

- 느릅나무과 | 높이 15m | 낙엽 지는 넓은잎 큰키나무
- 산이나 냇가

🟢 햇가지의 잎겨드랑이에서 꽃이 모여 핀다. 잎 가장자리가 둔한 톱니 모양이다. 납작한 열매에 날개가 있고 씨앗은 가운데에 있다.

천선과나무 »304

- 뽕나무과 | 높이 2~5m | 낙엽 지는 넓은잎 작은키나무
- 바닷가 산기슭

꽃주머니가 자란 열매

잎이 좁고 기다란 **좁은잎천선과나무**

● 햇가지의 잎겨드랑이에서 둥근 꽃주머니가 달린다. 이 꽃주머니가 자라 열매가 된다.

무화과나무 »277

- 뽕나무과 | 높이 2~4m | 낙엽 지는 넓은잎 작은키나무
- 남부 지방에서 과일나무로 심음

잎겨드랑이에 달린 녹색 꽃주머니

열매

● 잎겨드랑이에서 녹색 꽃주머니가 달린다. 이 꽃주머니가 자라 검은빛을 띤 자주색 열매로 익는다.

모람 »277

- 뽕나무과 | 길이 2~5m | 늘푸른 넓은잎 덩굴나무
- 해안 지대의 숲속 바위나 나무줄기에 붙어서 자람

🟢 줄기에서 공기뿌리를 만들어 바위나 나무줄기에 붙어 덩굴로 자란다. 둥근 꽃주머니가 자라면 열매가 된다.

🟢 비슷한 종 **왕모람**은 잎이 달걀 모양이다. 모람보다 잎자루가 짧은 대신 열매 자루가 길다.

모람보다 2배가량 큰 왕모람 열매

무늬잎왕모람

주엽나무 »302

- 콩과 | 높이 20m | 낙엽 지는 넓은잎 큰키나무
- 산골짜기의 냇가

🟢 암수한그루 또는 간혹 암수딴그루로 꽃이 핀다. 굵은 가지가 사방으로 퍼지며, 햇가지는 녹색이며 갈라진 가시가 있다.

🟢 뒤틀린 꼬투리 열매는 갈색으로 익는다. 줄기에 가지가 퇴화된 날카롭고 납작한 가시가 있다.

🟢 비슷한 종 **조각자나무**는 암술대 아래에 털이 빽빽하다. 열매가 뒤틀리지 않으며 줄기 가시가 둥글다.

댕댕이덩굴 »270

- 새모래덩굴과 | 길이 3m | 낙엽 지는 넓은잎 덩굴나무
- 산기슭이나 들

수꽃

● 암수딴그루로 꽃이 핀다. 옛사람들은 가늘고 질긴 줄기로 바구니나 지게, 등짐을 묶었다.

하얀 가루로 덮인 열매

사철나무 »285

- 노박덩굴과 | 높이 2~3m 이상 | 늘푸른 넓은잎 작은키나무
- 바닷가 주변 산기슭

● 잎겨드랑이에서 꽃이 7~15송이씩 모여 핀다. 잎이 두텁고 반들반들하다. 열매가 익으면 4갈래로 갈라져 씨가 나온다.

줄사철나무 »302

- 노박덩굴과 | 길이 5~10m 이상 | 늘푸른 넓은잎 덩굴나무
- 산기슭

🟢 줄기에서 공기뿌리가 나와 다른 나무나 바위 등에 붙어 덩굴로 자란다. 노란빛을 띤 녹색 꽃이 모여 핀다.

🟢 10월에 둥근 열매가 익으면 4갈래로 갈라져 씨가 나온다.   물체를 타고 오르는 데 쓰이는 공기뿌리

포도 »308

- 포도과 | 길이 3~7m | 낙엽 지는 넓은잎 덩굴나무
- 서아시아 원산, 과일을 얻기 위해 심음

원뿔 모양으로 모여 피는 꽃

🟢 줄기는 붉은빛을 띤 갈색이나. 덩굴손으로 주변의 물체를 감아 올라가며 사란다. 얼매가 송이를 이루며 검은빛을 띤 사주색으로 익는다.

왕머루 »295

- 포도과 | 길이 10m | 낙엽 지는 넓은잎 덩굴나무
- 산

● 줄기는 검은빛을 띤 갈색이다. 주변의 나무 등을 감고 올라가며 덩굴로 자란다.

암수딴그루로 피는 꽃(수꽃)

검은빛을 띤 자주색으로 익는 열매

새머루 »288

- 포도과 | 길이 2~5m | 낙엽 지는 넓은잎 덩굴나무
- 산기슭

암수딴그루로 피는 꽃(수꽃)

열매

🟢 암꽃이 피었다. 잎끝이 길게 뾰족하고 가장자리에 이빨 모양의 톱니가 있다. 잎의 크기와 열매가 작다.

까마귀머루 »264

- 포도과 | 길이 3~7m | 낙엽 지는 넓은잎 덩굴나무
- 숲 가장자리와 바닷가

🟢 잎끝이 3~5갈래로 길라진다. 잎 양면에 거미줄 같은 털이 빽빽하지만 차츰 없어진다. 열매는 검은빛 띤 자주색으로 익는다.

개머루 »259

- 포도과 | 길이 3~7m | 낙엽 지는 넓은잎 덩굴나무
- 산이나 들

잎과 마주 달리는 꽃자루에서 노란빛을 띤 녹색 꽃이 모여 핀다.

꽃

푸른빛을 띤 자주색으로 익는 열매

잎에 무늬가 있는 원예 품종

미국담쟁이덩굴 »278

- 포도과 | 길이 10m | 낙엽 지는 넓은잎 덩굴나무
- 미국 원산, 관상용

넓은 달걀 모양의 작은 잎 5장이 손바닥 모양으로 모여 달린다. 꽃이 모여 피며 열매는 검은색으로 익는다.

담쟁이덩굴 »270

- 포도과 | 길이 10m | 낙엽 지는 넓은잎 덩굴나무
- 산이나 들

노란빛을 띤 녹색 꽃

공기뿌리

● 넓은 달걀 모양의 잎끝이 3갈래로 갈라지지만, 모양이 여러 가지다.

● 잎과 마주나는 덩굴손 끝에 개구리 발가락의 빨판처럼 생긴 둥근 뿌리(흡착근)가 있다. 담벽이나 암벽에 붙어도 잘 떨어지지 않는다.

여러 가지 모양의 잎

하얀 가루로 덮여 있는 열매

더위지기 »271

- 국화과 | 높이 1m | 낙엽 지는 넓은잎 작은키나무
- 산이나 들

- 깃털 모양으로 갈라진 잎 여러 장이 모여 달린다. 잎겨드랑이에서 꽃이 핀다. 줄기는 오래되면 밑부분이 딱딱해지고 굵어진다.

종려나무 »301

- 야자나무과 | 높이 3~7m | 늘푸른 넓은잎 작은키나무
- 중국·일본·미얀마·인도 원산, 남부 지방에서 관상수

- 줄기 끝에서 뭉쳐나는 잎은 부채 모양이다. 길이는 50~80cm로 잎끝이 갈라지고 잎자루는 1m이다. 암수딴그루로 누런빛을 띤 녹색 꽃이 모여 달리고 아래로 처진다.

워싱턴야자 »296

- 야자나무과 | 높이 15~20m | 늘푸른 넓은잎 큰키나무
- 북아메리카 원산, 제주도의 가로수나 관상용

● 줄기 윗부분에서 잎이 촘촘하게 돌려난다. 잎끝이 깊게 갈라지며, 잎자루에 갈고리 모양의 가시가 있다. 마른 잎자루가 달려 있다.

소철 »289

- 소철과 | 높이 1.5~5m | 늘푸른 넓은잎 작은키나무
- 중국 원산, 제주도에서 관상용

암수딴그루로 긴 타원 모양인 수꽃

둥근 모양의 암꽃

● 줄기 끝에서 가느다란 깃털 모양의 잎이 사방으로 퍼져 자란다.

개잎갈나무 »260

- 소나무과 | 높이 30m | 늘푸른 바늘잎 큰키나무
- 히말라야 원산, 가로수나 관상용

● 암꽃과 수꽃이 한 가지에서 따로 핀다(사진은 수꽃).

바늘 모양으로 가늘고 짙은 녹색 잎

● 일본잎갈나무보다 열매 수가 적다.

● 짧은 가지에서는 잎 15~20장씩 모여 달리지만 긴 가지에서는 1장씩 달린다.

생태 특징

- 각 풀의 이름 색은 꽃색을 뜻합니다.
  붉은색 꽃　노란색 꽃　흰색 꽃　녹색 꽃

- 각 나무의 이름에 얽힌 뜻이나 유래는 국어학자 또는 생물학자들의 의견을 담은 여러 자료를 참고하여 정리하였습니다.

- 각 나무의 과 이름(과명)은 국가표준식물목록(http://www.nature.go.kr/kpni/index.do)에서 정리한 APG Ⅳ의 분류 체계를 따랐습니다.

ㄱ

가래나무 가래나무과 (봄)
회색을 띤 줄기는 매끄럽고, 껍질이 세로로 갈라진다. 잎은 긴 타원 모양이거나 긴 달걀 모양으로 작은 잎 7~17장이 깃털 모양으로 모여 달린다. 어긋나기 한다. 4월에 햇가지 끝에서 암술머리만 있는 암꽃이 모여 달리고, 꼬리 모양의 수꽃은 아래로 늘어진다. 열매는 달걀 모양이거나 타원 모양으로 한쪽 끝이 뾰족하다. 겉쪽에 샘털이 빽빽하다. 열매는 9월에 익으며, 과육 속에서 단단한 껍질에 싸여 있는 씨앗은 호두와 비슷하게 고소한 맛이 난다. 씨앗이 농기구 가래 모양을 닮아 붙인 이름이다. 호두나무와는 달리 잎의 장수가 많고 가장자리에 톱니가 있다. » 152

가막살나무 산분꽃나무과 (봄)
줄기는 회색빛을 띤 검은색이고 껍질눈이 있다. 잎은 달걀 모양이거나 넓은 달걀 모양으로 끝이 뾰족하다. 가장자리에 얕은 톱니가 드문드문 있다. 잎 양면에 별 모양의 털이 있고, 뒷면에 샘점이 있다. 마주나기 한다. 5월에 가지 끝에서 흰색 꽃이 접시 모양으로 모여 피며 향기가 독특하다. 열매는 달걀 모양이며 9~10월에 붉은색으로 익는다. 이름의 유래는 여럿 있지만, 그중에 나무껍질이 검은색(가막)을 띠고 사립문(살)을 만드는 데에서 비롯되었다고 한다. 또 열매를 까마귀가 잘 먹어 '까마귀 쌀나무'란 뜻으로 붙였다고도 한다. » 151

가시나무 참나무과 (봄)
줄기는 검은빛을 띤 회색이고 매끈하다. 잎은 긴 타원 모양으로 도톰하고 반들거린다. 끝이 뾰족하고 가장자리에 자잘한 톱니가 있다. 어긋나기 한다. 4~5월에 꽃이 피는데 수꽃은 지난해에 돋아난 가지에서 꼬리 모양으로 아래로 늘어지고, 암꽃은 햇가지 윗부분에 곧게 핀다. 도토리는 타원 모양이며 10월에 갈색으로 익는다. 깍정이는 반원 모양으로 둥근 무늬가 6~7겹 있다. 이름은 도토리(가시)가 열리는 나무라는 뜻이라고 한다. 비슷한 종으로는 겨울에도 잎이 떨어지지 않고 남쪽 지방에서 자라는 '개가시나무', '붉가시나무', '졸가시나무', '종가시나무', '참가시나무'가 있다. » 70

가중나무(가죽나무) 소태나무과 (여름·가을)
줄기는 회색빛을 띤 흰색이다. 잎은 달걀 모양으로 끝이 길게 뾰족하다. 밑부분에 1~2쌍의 둔한 톱니가 있는 작은 잎 13~27장이 깃털 모양으로 모여 달린다. 어긋나기 한다. 6~8월에 가지 끝에서 초록빛을 띤 흰색 꽃이 원뿔 모양으로 모여 핀다. 9~10월에 익는 열매에는 날개가 있으며 가운데에 씨앗이 있다. 열매는 이듬해 봄까지 달려 있다. 이름은 어린순을 먹는 참죽나무와는 다르게 쓸모가 덜하다는 뜻에서 붙였다고 한다. » 225

가침박달 장미과 (봄)
줄기는 회색이거나 회색빛을 띤 갈색이며, 껍질이 조각조각 얇게 벗겨진다. 잎은 타원 모양이며, 윗부분에 톱니가 있고 뒷면은 회색빛을 띤 흰색이다. 어긋나기 한다. 4~5월에 햇가지 끝에서 흰색 꽃이 3~6송이씩 모여 핀다. 열매는 8~9월에 익는데 위에서 보면 별 모양이다. 씨방 여러 개가 마치 바느질할 때 감치기로 꿰맨 듯하고 박달나무처럼 단단하다는 뜻에서 '감치기박달'이라고 했다가 바뀐 이름이라고 한다. » 112

갈참나무 참나무과 (봄)
줄기는 검은빛을 띤 갈색, 회색빛을 띤 갈색이며, 껍질이 그물처럼 얕게 갈라진다. 잎은 거꾸로 선 달걀 모양이다. 끝 쪽으로 갈수록 넓어지고 끝이 뾰족하며, 가장자리에 이빨 모양의 톱니가 있다. 잎자루가 길고 뒷면이 회색빛을 띤 흰색이다. 어긋나기 한다. 5월에 잎과 함께 꽃이 피는데 수꽃 이삭은 아래로 늘어지고 암꽃은 햇가지 끝의 잎겨드랑이에 달린다. 도토리는 타원 모양이며 10월에 익는다. 열매의 2분의 1이 얕은 종지 같은 깍정이(도토리집)에 싸여 있다. 떡갈나무나 신갈나무보다 잎자루가 길고 잎 뒷면이 회색빛을 띠어 구별된다. 이름은 가을에 잎이 변해 가는 것을 뜻하는 '갈'을 붙였다든가, 늦은 가을까지 잎을 달고 있어 '가을참나무'에서 '갈참나무'가 되었다고 한다. » 68

감나무 감나무과 (봄)

줄기는 검은빛을 띤 회색이며, 오래되면 껍질이 코르크로 바뀌어 잘게 갈라진다. 잎은 거꾸로 선 달걀 모양이거나 넓은 타원 모양이며 도톰하고 반들거린다. 어긋나기 한다. 5~6월에 잎겨드랑이에서 연한 노란색 꽃이 피며, 수꽃은 자루 끝에 3~5송이씩 모여 달린다. 열매는 둥글고 10월에 노란빛을 띤 붉은색으로 익는다. 열매에 단맛이 나서 달다는 뜻의 한자 '감'을 붙인 이름이라고 한다. » 96

감탕나무 감탕나무과 (봄)

줄기는 회색이고 처음에는 매끈하지만 차츰 거칠어지며, 어린 가지는 녹색이다. 잎은 타원 모양으로 도톰하고 반들거리며 질기다. 어긋나기 한다. 암수딴그루로 3~4월에 잎겨드랑이에서 노란빛을 띤 녹색 꽃이 모여 핀다. 둥근 열매는 8~11월에 붉은색으로 익는다. 아교풀과 송진처럼 나무껍질을 끓여 만든 끈끈한 접착제를 제주도 사투리로 '감탕'이라 부른 데서 비롯된 이름이다. » 133

감태나무 녹나무과 (봄)

줄기는 회색빛을 띤 흰색으로 매끈하다. 잎은 넓은 달걀 모양으로 도톰하고 반들거리며 질기다. 어긋나기 한다. 겨울에도 마른 잎이 떨어지지 않는다. 암수딴그루로 4월에 잎겨드랑이에서 노란색 꽃이 핀다. 열매는 둥글며 9월에 검은색으로 익는다. 잎이나 어린 가지를 자르면 해조류(바닷말)인 감태와 비슷한 냄새가 난다고 해서 붙인 이름이다. » 75

개나리 물푸레나무과 (봄)

우리나라 고유종이다. 1년생 가지는 녹색이지만 차츰 회색빛을 띤 갈색으로 변하고, 껍질눈이 뚜렷하게 나타난다. 줄기가 가늘어 휘어진다. 잎은 타원 모양으로 끝이 뾰족하고 마주나기 한다. 3~4월에 잎이 나기 전에 잎겨드랑이에서 노란색 꽃이 핀다. 열매는 끝이 뾰족하고 사마귀 같은 작은 돌기가 있으며 9월에 갈색으로 익는다. 야생에서 피는 백합 무리의 '개나리'와 비슷하다는 뜻에서 '나무개나리', '개나리나모'라고 붙인 이름에서 비롯되었다고 한다. 개나리와 비슷한 종으로 개나리보다 잎의 폭이 넓은 '만리화'가 있다. » 98

개다래 다래나무과 (여름·가을)

줄기는 검은빛을 띤 갈색이며 덩굴로 자란다. 오래될수록 껍질이 회색빛을 띤 갈색으로 바뀌고 불규칙하게 갈라져 너덜너덜 벗겨진다. 넓은 달걀 모양의 잎은 끝이 뾰족하며, 꽃이 필 무렵 잎 앞면에 흰색 무늬가 생긴다. 어긋나기 한다. 암수딴그루로 6~7월에 어린 가지 중간에 있는 잎겨드랑이에서 흰색 꽃이 1~3송이씩 아래를 향해 핀다. 꽃자리에 벌레혹이 생기는데 이것을 약재로 쓴다. 열매는 긴 타원 모양이며, 9~10월에 노란색으로 익는다. 다래와 비슷하지만, 다래보다 쓰임새가 덜하다(개)는 뜻에서 붙인 이름이다. 비슷한 종 '쥐다래'는 암수딴그루에, 꽃이 피는 시기에 가지 윗부분의 잎이 흰색이나 흰색 무늬가 생기는데 시간이 지나면 분홍색으로 변하고, 열매가 긴 달걀 모양 또는 타원 모양이다. » 229

개머루 포도과 (여름·가을)

줄기는 갈색이며 마디가 굵다. 덩굴손으로 주변의 물체를 감고 올라가며 덩굴로 자란다. 넓은 달걀 모양의 잎은 끝이 3~5갈래로 깊게 갈라지고, 가장자리에 날카로운 톱니가 불규칙하게 있다. 어긋나기 한다. 6~7월에 잎과 마주 달리는 꽃자루에서 노란빛을 띤 녹색 꽃이 모여 핀다. 둥근 열매는 송이를 이루고 9월에 푸른빛을 띤 자주색으로 익는다. 잎에 무늬가 있는

원예 품종도 있다. 머루와 비슷하지만 맛이 떨어지고 쓸모가 덜하다는 뜻에서 '개'를 붙였다. » 252

개비자나무 개비자나무과 (봄)
줄기는 어두운 갈색이며, 껍질이 세로로 갈라지고 벗겨진다. 잎은 바늘 모양으로 납작하고 부드럽다. 깃털 모양으로 가지에 2줄로 마주난 잎은 뒷면에 넓은 흰색 숨구멍 줄이 있다. 암수딴그루로 4월에 잎겨드랑이에서 연한 갈색 수꽃이, 가지 끝에 암꽃이 2송이씩 모여 핀다. 열매는 타원 모양으로 이듬해 8~9월에 붉은색으로 익는다. 이름은 비자나무와 닮았다는 뜻에서 붙였다. 우리나라 고유종이다. » 166

개암나무 자작나무과 (봄)
줄기는 반들거리고 회색빛을 띤 갈색이다. 잎은 넓은 달걀 모양이며, 끝이 짧게 뾰족하고 가장자리에 이빨 모양의 겹톱니가 있다. 어린잎에 자주색 무늬와 끈적이는 샘털이 있다. 어긋나기 한다. 3월에 잎보다 먼저 꽃이 핀다. 수꽃은 가지 끝에서 2~5송이씩 나와 아래로 늘어지고 암꽃은 10개가량의 붉은색 암술대가 밖으로 나온다. 열매는 둥근 모양이며, 10월에 갈색으로 익고 종 모양의 싸개로 둘러싸여 있다. 열매를 '개암'이라 하는데 딱딱한 열매를 까서 먹으면 고소한 맛이 난다. 이름은 열매 모양과 맛이 밤과 닮았지만 크기가 작아 밤보다 못하다는 뜻인 '개옴(개밤)'에서 비롯되었다. » 64

개오동 능소화과 (여름·가을)
줄기는 회색빛을 띤 갈색이며, 껍질이 세로로 갈라진다. 잎은 넓은 달걀 모양이며 3~5갈래로 갈라진다. 마주나기 하거나 돌려나기 한다. 6~7월에 가지 끝에서 누런빛을 띤 흰색 꽃이 원뿔 모양으로 모여 핀다. 가늘다란 줄 모양의 열매는 아래로 길게 늘어지며 10월에 갈색으로 익는다. 오동나무와 잎이 닮아 붙인 이름이다. 비슷한 종으로는 북아메리카 원산으로 높이 30미터, 꽃이 흰색에 잎자루가 길고, 열매와 씨앗이 큰 '꽃개오동'이 있다. » 228

개옻나무 옻나무과 (봄)
줄기는 회색빛을 띤 흰색이며 어린 가지는 갈색이다. 타원 모양으로 끝이 길게 뾰족하고 가장자리가 밋밋한 작은 잎 13~17장이 깃털 모양으로 모여 달린다. 잎자루는 붉은색이며 어긋나기 한다. 가을에 붉은색으로 단풍이 든다. 가지나 잎을 자르면 흰색 즙이 나온다. 암수딴그루로 4~6월에 초록빛을 띤 노란색 작은 꽃이 원뿔 모양으로 모여 피고 아래로 처진다. 열매는 둥글납작하고 가시 같은 털이 촘촘히 나며, 9~11월에 노란빛을 띤 갈색으로 익는다. 옻나무보다 얻을 수 있는 옻의 양이 적고 품질도 낮아 붙인 이름이다. 독성이 있다. » 86

개잎갈나무 소나무과 (여름·가을)
줄기는 회색빛을 띤 갈색이며, 껍질이 얇은 조각으로 벗겨진다. 잎은 바늘 모양으로 가늘고 짙은 녹색이다. 짧은 가지에서 잎 15~20장이 돌려나는 것처럼 모여 달리며 긴 가지에서는 1장씩 달린다. 10~11월에 짧은 가지 끝에서 달걀 모양의 암꽃과 원기둥 모양의 수꽃이 위를 향해 달린다. 열매는 타원 모양이며 이듬해 9~12월에 익는다. 열매는 크지만 일본잎갈나무보다 열매 수가 적다. 나무 모양이 아름다워 세계적으로 3대 정원수로 손꼽힌다. '잎갈나무'와 비슷하지만 잎갈나무가 아니라는 뜻에서 붙인 이름이다. 잎갈나무라는 이름은 바늘잎나무이면서 잎이 지는 나무라는 뜻에서 유래했다고 한다. '신의 나무'라는 뜻의 '히말라야시다'라고도 한다. » 256

개회나무 물푸레나무과 (여름·가을)
줄기는 검은빛을 띤 갈색이며 가로줄 무늬가 있다. 넓은 달걀 모양의 잎은 끝이 뾰족하고 마주나기 한다. 5~7월에 지난해의 가지 끝에서 흰색 꽃이 원뿔 모양으로 모여 핀다. 열매는 긴 타원 모양이며 9~10월에 갈색으로 익는다. 회나무를 닮았지만 쓰임새가 덜하다는 뜻에서 '개'를 붙인 이름이라고 한다. » 239

갯버들 버드나무과 (봄)

줄기는 회색빛을 띤 녹색이다. 뿌리 근처에서 가지가 많이 나오며 땅에 닿는 부분에서 뿌리가 내린다. 잎은 좁은 타원 모양으로 끝이 뾰족하고 가장자리에 톱니가 있다. 어긋나기 한다. 암수딴그루로 3~4월에 위쪽 가지의 잎겨드랑이에서 잎보다 먼저 꽃이 핀다. 수꽃 이삭은 넓은 타원형으로 붉은색에서 붉은빛이 도는 노란색으로 바뀐다. 암꽃 이삭은 원기둥 모양이다. 열매는 달걀 모양이며 5월에 익고, 흰색 털이 붙어 있는 씨앗은 바람에 날아다닌다. 주로 물가(갯)에서 자라는 버들이라는 뜻으로 붙인 이름이다. 꽃봉오리가 강아지 꼬리를 닮아 '버들강아지'라고도 한다. » 57

겨우살이 단향과 (봄)

줄기는 녹색이거나 노란빛을 띤 녹색이고, 여러 갈래로 갈라지며 마디가 약간 부푼다. 참나무 종류나 팽나무 따위에 기대어 새 둥지 모양으로 자란다. 잎은 창 모양으로 끝이 둥글고 도톰하며 잎자루가 없다. 마주나기 한다. 3~4월에 가지 끝에 노란색 꽃이 3송이씩 모여 핀다. 열매는 둥글고 10~11월에 연한 노란색으로 익는다. 단맛이 나며 끈적인다. 열매가 붉은색으로 익는 것은 '붉은겨우살이'라 한다. 이름은 겨울에도 푸르다는 뜻으로 '겨울살이'라 부르던 것에서 비롯되었다. » 73

계수나무 계수나무과 (봄)

줄기는 회색빛을 띤 갈색이며, 세로로 갈라지고 껍질이 조각으로 떨어진다. 넓은 달걀 모양의 잎 가장자리는 물결 모양이며 잎자루는 붉은색이다. 마주나기 한다. 암수딴그루로 3~4월에 잎겨드랑이에서 잎보다 먼저 붉은색 꽃이 핀다. 암꽃은 꽃잎이 없고 암술이 2~5개, 수꽃은 가느다란 수술만 있다. 바나나 모양의 열매는 10~11월에 검은빛을 띤 어두운 갈색으로 익는다. 가을에 노란색으로 단풍이 들고, 잎이 떨어져 발효되면 달콤한 냄새가 난다. 이 나무 이름은 일제 강점기에 들어온 일본 이름에서 비롯되었으며, 동요 〈반달〉에 나오는 계수나무와는 아무런 관련이 없다. » 23

계요등 꼭두서니과 (여름·가을)

줄기는 갈색이며, 겨울에 죽는 풀의 특징도 가지고 있다. 잎은 달걀 모양이며, 끝이 뾰족하고 가장자리가 밋밋하다. 마주나기 한다. 7~8월에 줄기 끝에서 흰색 꽃이 원뿔 모양으로 모여 피는데, 안쪽은 자주색에 흰색 털이 덮여 있다. 꽃 모양은 나팔꽃처럼 끝이 5갈래로 갈라진다. 둥근 열매는 10~11월에 누런색으로 익는다. 이름은 식물 전체에서 닭의 오줌 냄새가 나는 덩굴식물이라는 뜻에서 붙였다. » 240

고광나무 수국과 (여름·가을)

줄기는 회색이며 껍질이 벗겨진다. 달걀 모양의 잎은 끝이 길게 뾰족하고 가장자리에 톱니가 있으며, 마주나기 한다. 6~7월에 가지 끝에서 흰색 꽃이 5~7송이씩 모여 피는데 향기가 있다. 타원 모양의 열매는 9~10월에 익는다. 고갱이(풀이나 나무줄기 한가운데에 있는 연한 심)처럼 생긴 어린 새순을 먹는다는 뜻에서 비롯된 이름이라고 한다. 우리나라 고유종이다. » 220

고로쇠나무 무환자나무과 (봄)

줄기는 회색이거나 회색빛을 띤 갈색이며, 껍질이 세로로 갈라지고 불규칙하게 벗겨져 얼룩무늬가 생긴다. 잎은 손바닥 모양으로 보통 5갈래로 갈라진다. 끝이 뾰족하며 가장자리가 밋밋하다. 마주나기 한다. 가을에 노란색으로 단풍이 든다. 5월에 햇가지 끝에서 초록빛을 띤 노란색 꽃이 우산 모양으로 둥글게 모여 핀다. 열매는 타원 모양으로 날개가 있으며, 2개가 마주 달리는데 90도보다 좁게 벌어진다. 많은 열매가 모여 달린다. 이른 봄, 나무에 구멍을 뚫어 수액을 뽑아 마신다. 잎 모양이나 열매가 달리는 각도에 따라 '긴고로쇠나무', '산고로쇠나무', '왕고로쇠나무' 등으로 나뉜다. 이름은 뼈에 이로운 나무라는 뜻의 '골리수'가 변하여 '고로쇠'가 되었다고 한다. » 89

고욤나무 감나무과 (봄)

줄기는 어두운 회색이며, 껍질이 불규칙하게 갈라진다.

잎은 타원 모양으로 도톰하고, 끝이 뾰족하며 어긋나기 한다. 암수딴그루로 6월에 햇가지의 잎겨드랑이에서 항아리 모양의 붉은빛이 도는 흰색 꽃이 핀다. 둥근 열매는 10월에 노란색에서 검은색으로 익는다. 감나무보다 잎이 좁고 꽃과 열매가 작다. 감보다 작아 '고(작은 감)'와 '욤(접미사)'을 합쳐 부르다가 '고욤'으로 바뀐 것이라고 한다. 감나무를 기를 때 대목으로 이용한다. » 97

고추나무 고추나무과 (봄)
줄기는 회색빛을 띤 갈색이고 잔가지는 갈색이거나 자줏빛을 띤 갈색이다. 잎은 달걀 모양으로 양 끝이 좁고 길게 뾰족하며, 잎 3장이 모여 달린다. 마주나기 한다. 4~6월에 가지 끝에서 흰색 꽃이 원뿔 모양으로 모여 피고 아래로 늘어진다. 열매는 8~10월에 갈색으로 익는다. 익은 열매가 부풀면 윗부분이 2갈래로 갈라지면서 씨앗이 나온다. 잎 모양이 고춧잎을 닮아 붙인 이름이다. » 133

골담초 콩과 (봄)
줄기는 회색빛을 띤 갈색이고 가지가 많이 갈라진다. 긴 달걀 모양의 작은 잎 4장이 깃털 모양으로 마주나게 달린다. 턱잎은 뾰족한 삼각형이며 끝이 가시로 변한다. 어긋나기 한다. 5월에 잎겨드랑이에서 나비 모양으로 꽃이 1~2송이씩 피고, 노란색에서 주황색으로 변한다. 꽃에서 단맛이 나서 먹기도 했다. 납작한 꼬투리 열매가 열린다. 한자 이름에서 비롯되었으며, 뼈와 관련한 질병에 약으로 쓰여 '뼈를 책임지는 풀'이라는 뜻이다. » 85

곰딸기 장미과 (봄)
줄기는 붉은빛을 띤 갈색이며, 늘어진 줄기가 덤불을 이룬다. 줄기에는 가시가 드문드문 있고 부드러운 샘털이 빽빽하다. 잎은 넓은 달걀 모양이며 3~5장씩 깃털 모양으로 모여 달린다. 잎 뒷면에 흰색 털이 많아 흰색으로 보인다. 어긋나기 한다. 5~6월에 햇가지 끝에서 흰색 또는 연한 분홍색 꽃이 위를 향해 핀다. 열매는 둥글고 7~8월에 붉은색으로 익는다. 줄기와 꽃대에 가시 모양의 붉은 샘털이 빽빽하게 난 모습에서 곰이 떠올라 붙인 이름이라고 한다. '붉은가시딸기'라고도 한다. » 114

곰솔 소나무과 (봄)
줄기는 검은빛을 띤 갈색이며, 껍질이 깊게 갈라진다. 잎은 바늘 모양으로 2장씩 모여나고 가지에 촘촘하게 달린다. 소나무보다 잎이 도톰하고 단단하며 끝이 뾰족하다. 5월에 연한 자주색 암꽃이 햇가지 끝에 달리고, 노란빛을 띤 갈색 수꽃은 어린 가지 밑부분에 모여 달린다. 달걀을 닮은 긴 타원 모양의 열매는 이듬해 9월에 갈색으로 익는다. 줄기가 검은색을 띠고 있어 '검솔'이라 부르던 것이 변한 이름이다. 주로 바닷가에서 자라 '해송'이라고도 한다. » 170

공조팝나무 장미과 (봄)
줄기는 회색이고 아래로 처진다. 잎은 가늘고 길며 끝이 뾰족하다. 가장자리에 겹톱니가 있다. 어긋나기 한다. 5~6월에 햇가지에서 흰색 꽃이 20~40송이씩 공 모양으로 둥글게 모여 핀다. 꽃이 둥글게 모여 피는 모습이 공 모양을 닮아 붙인 이름이다. » 110

광나무 물푸레나무과 (여름·가을)
줄기는 회색 또는 회색빛을 띤 갈색이며 껍질눈이 뚜렷하다. 잎은 타원 모양이거나 넓은 타원 모양으로 도톰하고 끝이 뾰족하며 반들거린다. 마주나기 한다. 7~8월에 햇가지 끝에서 흰색 꽃이 원뿔 모양으로 모여 핀다. 열매는 타원 모양이며, 10~11월에 검은색으로 익는다. 제주도 사투리 '꽝낭'에서 비롯된 이름으로, 꽝은 뼈 또는 응어리를 뜻한다고 한다. 백랍충이라는 벌레가 기생하여 흰색 납(백랍)을 분비하여 나뭇가지에 붙어 있는 모습을 '꽝'에 빗대어 붙인 이름이라고 한다. » 239

광대싸리 대극과 (여름·가을)

줄기는 회색이거나 갈색이며, 껍질이 세로로 잘게 갈라진다. 가지가 아래로 처진다. 타원 모양의 잎은 끝이 뾰족하고 어긋나기 한다. 암수딴그루로 5~6월에 잎겨드랑이에서 연한 노란색 또는 누런빛을 띤 녹색 꽃이 모여 핀다. 암꽃은 꽃자루가 길고, 수꽃은 여러 송이가 달리며 꽃자루가 짧다. 열매는 둥글납작한 모양이며 7~10월에 누런빛을 띤 갈색으로 익는다. 열매에 홈이 3줄 있고, 가시 모양의 돌기가 에워싸고 있다. 이름은 잎 모양이 싸리를 닮아 마치 광대처럼 싸리를 흉내 내는 나무라는 뜻이다. » 209

괴불나무 인동과 (봄)

줄기는 회색빛을 띤 갈색이며, 껍질이 세로로 갈라진다. 잎은 타원 모양이거나 거꾸로 선 달걀 모양으로 끝이 길게 뾰족하다. 마주나기 한다. 5~6월에 잎겨드랑이에서 흰색 꽃이 피는데 차츰 연한 노란색으로 바뀌고 향기가 진하다. 둥근 열매는 9~10월에 붉은색으로 익는데 잎이 떨어져도 남아 있다. 꽃과 열매 모양이 괴불을 닮아 붙인 이름이다. 괴불이란 어린아이가 주머니 끈 끝에 차는 세모 모양의 조그마한 노리개를 뜻한다. » 151

구기자나무 가지과 (여름·가을)

줄기는 회색빛을 띤 흰색이며, 비스듬하게 자라면서 끝이 아래로 처진다. 가지에 가시가 있다. 잎은 타원 모양이거나 긴 타원 모양으로 어긋나기 하며, 짧은 가지에서는 모여나기 한다. 6~9월에 잎겨드랑이에서 자주색 꽃이 1~4송이씩 계속해서 핀다. 열매는 타원 모양이며 9~10월에 붉은색으로 익는다. 열매를 '구기자'라고 한다. 이름은 한자 이름 '구기'에서 비롯되었으며, 줄기에 가시가 있고 가지가 잘 휜다는 뜻이라고 한다. » 202

구상나무 소나무과 (봄)

줄기는 회색이 돌고 거칠다. 잎은 바늘 모양으로 가지 전체에 돌아가며 달리고, 뒷면에 흰색 숨구멍이 2줄 있다. 잎은 짧고 끝이 오목하게 파인다. 5~6월에 잎겨드랑이에서 초록빛을 띤 갈색 수꽃과 짙은 자주색 암꽃이 달린다. 열매는 기둥 모양이며, 자주색이었다가 9~10월이 검은빛이 도는 갈색으로 익으면서 똑바로 선다. 씨앗에 날개가 있다. 제주도에서 '구살(또는 쿠살, 성게의 사투리)', 곧 성게의 가시를 닮은 나무라는 뜻으로 '구살낭'이라 부른 이름에서 비롯되었다. 우리나라 고유종이다. » 167

국수나무 장미과 (봄)

줄기는 회색빛을 띤 갈색이며, 오래되면 껍질이 세로로 갈라진다. 가지가 지그재그로 자라고 덤불을 이룬다. 가늘고 잘 휘어지는 가지가 땅에 닿으면 뿌리를 내린다. 잎은 달걀 모양이거나 삼각형 모양이며 3갈래로 갈라진다. 끝이 길게 뾰족하고, 가장자리에 둔한 겹톱니가 있다. 어긋나기 한다. 5~6월에 햇가지 끝에서 흰색의 작은 꽃이 모여 핀다. 줄기를 쪼개서 가운데를 밀면 국수처럼 꼬불거리며 길게 밀리는 것에 빗대어 붙인 이름이다. » 110

굴거리나무 굴거리나무과 (봄)

줄기는 회색빛을 띤 갈색이고 매끈하다. 잎은 긴 타원 모양으로 도톰하고 끝이 뾰족하며 가장자리는 밋밋하다. 잎자루는 붉은색이다. 어긋나기 하는 잎이 가지 끝에서 모여난 것처럼 보인다. 암수딴그루로 3~4월에 잎겨드랑이에서 꽃잎이 없는 자잘한 꽃이 모여 핀다. 열매는 긴 타원 모양이며 9~11월에 검은빛을 띤 자주색으로 익는다. 제주도 사투리 '굴거리낭'에서 비롯된 이름이며 산지(산골) 숲속에서 모여 자라는 모습에서 붙였다고 한다. 비슷한 종인 '좀굴거리나무'는 굴거리나무보다 잎의 길이가 6~12센티미터로 작다. » 40

굴참나무 참나무과 (봄)

줄기는 회색빛을 띤 흰색이거나 회색빛을 띤 갈색이다. 껍질은 세로로 갈라지며 코르크가 발달하여 두툼하다. 손으로 누르면 폭신폭신하다. 잎은 긴 타원 모양으로 반들거리고 끝이 점점 뾰족해진다. 가장자리에 가시 모양의 날카로운 톱니가 있다. 잎 뒷면에 연한 회색빛을 띤 흰색 별 모양의 털이 있어 연한 회색으로 보인다. 어긋나기 한다. 5월에 잎과 함께 꽃이 핀다. 노란색 수꽃 이삭은 아래로 늘어지고, 햇가지 끝의 잎겨드랑이에 암꽃이 달린다. 꽃이 핀 그다음 해 9~10월에 도토리가 익는다. 깍정이는 3분의 2가량을 차지하고 가시 모양의 비늘 조각 위쪽이 뒤로 젖혀진다. 껍질을 '굴피'라고 하며, 일부 지방에서 굴피로 '굴피집'을 짓기도 했다. 이름은 줄기에 골이 깊게 지는 참나무라서 '골참나무'라 부르던 것에서 비롯되었다. » 66

굴피나무 가래나무과 (봄)
줄기는 회색이고, 껍질이 얕게 갈라진다. 작은 잎은 좁고 기다랗고 끝이 뾰족하다. 가장자리에 톱니가 있으며 작은 잎 7~19장이 깃털 모양으로 모여 달린다. 어긋나기 한다. 4~5월에 잎겨드랑이에서 노란빛을 띤 녹색 수꽃과 암꽃이 피는데 꽃잎은 없고 긴 타원 모양이다. 열매는 타원 모양으로 솔방울을 닮았는데 9월에 검은빛을 띤 갈색으로 익는다. 이름은 홈통을 뜻하는 굴피를 만드는 나무라는 뜻에서 비롯되었거나 나무껍질로 그물을 만들어 '그물피나무'라 부르던 것이 변한 것으로 추정(미루어 생각하여 판정함)한다. » 58

귀룽나무 장미과 (봄)
줄기는 검은빛을 띤 갈색이며, 껍질이 세로로 갈라진다. 잎은 거꾸로 선 달걀 모양이거나 타원 모양이며, 끝이 길게 뾰족하고 잎자루의 위쪽에 샘점이 있다. 어긋나기 한다. 이른 봄에 새잎이 다른 나무보다 빨리 나온다. 5월에 햇가지 끝에서 흰색 꽃이 아래로 처지며 모여 피는데 마치 나무 전체를 덮은 것처럼 보인다. 둥근 열매는 6~7월에 검은색으로 익으며 먹을 수 있다. 어린 가지를 꺾으면 고약한 냄새가 나는데 파리가 이 냄새를 싫어해서 옛사람들은 파리 쫓는 데 사용하기도 했다. 이름은 줄기가 용 아홉 마리가 꿈틀거리는 모양 같다는 뜻인 '구룡목에서 비롯되었다고 한다. » 116

귤나무 운향과 (봄)
줄기는 초록빛을 띤 갈색이다. 잎은 긴 타원 모양이거나 달걀 모양으로 끝이 뾰족하다. 가장자리가 밋밋하며 물결 모양의 자잘한 톱니가 있다. 잎 뒷면에 샘점이 있고, 잎자루에 좁은 날개가 있거나 없다. 어긋나기 한다. 6월에 가지 끝에서 흰색 꽃이 1~3송이씩 피는데 향기가 좋다. 열매는 10월에 붉은빛을 띤 노란색으로 익는다. 한자 이름이며, 겉은 붉은빛을 띠는데 속이 노란 것이 마치 색깔이 있는 상서로운 구름을 닮은 나무(귤)라는 뜻이다. 아주 옛날부터 제주도에서 재배했던 것으로 기록되었다고 하며, 현재 우리가 먹는 귤은 프랑스 신부가 일본에서 들여온 종을 기본으로 해서 꽃가루받이한 품종이 대부분이다. » 132

금송 금송과 (봄)
줄기는 붉은빛을 띤 갈색이며, 껍질이 세로로 얇게 벗겨진다. 잎은 바늘 모양으로 2장이 합쳐져서 넓고 도톰하며 가지 끝에 15~40장씩 돌려난다. 잎 뒷면 가운데에 흰색 또는 노란색 숨구멍 줄이 있다. 3~4월에 가지 끝에서 암꽃은 1~2송이씩, 수꽃은 20~30송이씩 모여 핀다. 열매는 타원 모양이며 이듬해 10~11월에 갈색으로 익는다. 잎 뒷면에 금색 줄이 있는 소나무라는 뜻에서 붙인 이름이다. '금솔'이라고도 한다. » 175

금식나무 가리아과 (봄)
줄기는 회색빛을 띤 갈색이며 1년생 줄기는 녹색이다. 잎은 긴 타원 모양으로 끝이 뾰족하고 잎에 노란색 얼룩점이 있다. 잎 겉면이 반들거리고 가장자리는 굵은 톱니 모양이다. 꽃은 암수딴그루이며 3~4월에 핀다. 열매는 타원 모양이며 10월에 붉은색으로 익고 겨울에도 가지에 달려 있다. 비슷한 종으로 잎에 얼룩점이 없는 '식나무'가 있다. » 46

까마귀머루 포도과 (여름·가을)
줄기는 붉은빛을 띤 갈색이며, 껍질이 세로로 갈라지면서 얇게 벗겨진다. 덩굴손으로 주변의 물체를 감고 올라가며 덩굴로 자란다. 달걀 모양의 오각형 잎은 끝이 3~5갈래로 얕게 갈라지고, 잎 양면에 거미줄 같은 털이 빽빽하게 나지만 차츰 없어진다. 어긋나기 한다. 6~8월에 잎과 마주 달리는 꽃자루에서 누런빛을 띤 녹색 꽃이 원뿔 모양으로 모여 핀다. 둥근 열매는 송이를 이루고 9월에 검은빛을 띤 자주색으로 익는다. 이름 유래로는 제주도 사투리인 열매가 검게 익는 때를 가리키는 '가마귀', 또는 까마귀가 잘 먹는 열매가 달리는 머루에서 비롯되었다고도 한다. » 251

까마귀밥나무 까치밥나무과 (봄)

줄기는 자줏빛을 띤 갈색이며, 껍질이 세로로 벗겨진다. 잎은 넓은 달걀 모양이며 끝이 3갈래로 갈라진다. 가장자리에 굵은 톱니가 있다. 어긋나기 한다. 암수딴그루로 4~5월에 잎겨드랑이에서 초록빛을 띤 노란색 꽃이 핀다. 열매는 둥글고 9~10월에 붉게 익는데 쓴맛이 난다. 빨간색 열매가 크고 아름다워 까마귀가 좋아할 만하다고 하여 붙인 이름이라고 한다. » 79

까마귀쪽나무 녹나무과 (여름·가을)

줄기는 갈색이다. 긴 타원 모양의 잎은 두툼하고 뒤로 조금 말린다. 잎 뒷면은 주맥이 튀어나오고 누런빛을 띤 갈색 털이 촘촘하게 난다. 어긋나기 한다. 암수딴그루로 9~10월에 잎겨드랑이에서 누런빛을 띤 흰색의 작은 꽃이 모여 핀다. 열매는 이듬해 8~9월에 붉은색에서 검은빛을 띤 자주색으로 익는다. 제주도에서는 서귀포의 구럼비 해안에서 자라 '구럼비낭'이라고 한다. 옛날에 이 나무 열매로 쪽(마디풀과의 한해살이풀)처럼 염료를 만들었고, 그 색이 까마귀의 검은빛을 띤 푸른색을 닮아 붙인 이름이라고 한다. » 206

까치박달 자작나무과 (봄)

줄기는 회색이다. 잎은 넓은 달걀 모양이며 측맥이 16~22쌍이다. 끝이 뾰족하고 주름이 진 것처럼 보인다. 어긋나기 한다. 4~5월에 잎과 함께 꽃이 핀다. 연한 노란색 수꽃은 1년생 가지 끝에서 소리 모양으로 아래를 향해 달리고, 암꽃은 원기둥 모양으로 가지 끝에서 아래로 늘어지고 꽃싸개 안쪽에 2송이씩 달린다. 열매는 원기둥 모양이며, 씨앗은 열매 싸개로 빽빽하게 둘러싸여 있다. 9월에 연한 갈색으로 익는다. 박달나무를 닮고, 열매가 아래로 처져 달린 모양이 까치와 비슷하다는 뜻에서 붙인 이름이라고 한다. » 62

꼬리조팝나무 장미과 (여름·가을)

줄기는 자줏빛을 띤 갈색이며, 껍질이 세로로 갈라진다. 뿌리에서 가지가 많이 나와 군락을 이룬다. 잎은 가늘고 길며 가운데 부분이 약간 볼록하고 끝이 뾰족하다. 잎 가장자리에 자잘한 톱니가 있다. 어긋나기 한다. 6~8월에 줄기 끝에서 분홍색 작은 꽃이 큰 원뿔 모양으로 모여 핀다. 수술이 꽃잎보다 길다. 열매는 5월에 갈색으로 익는다. 이름은 긴 꽃차례로 달리는 꽃이 꼬리 같은 조팝나무라는 뜻이다. » 186

꽃단풍 무환자나무과 (봄)

가지에 털은 없지만 마디에는 어릴 때 갈색 털이 있다. 잎은 끝이 뾰족하고, 밑은 둥글거나 심장 모양이며 가장자리에 톱니가 있다. 얕게 3갈래로 갈라지고, 앞면은 짙은 녹색, 뒷면은 흰색이며 가을에 빨갛게 물든다. 꽃은 암수딴그루로 잎보다 먼저 4월에 핀다. 꽃받침과 꽃잎 모양이 거의 비슷하며, 붉은색을 띠어 붙인 이름이다. 일본이 원산지이다. » 42

꽃댕강나무 인동과 (여름·가을)

줄기는 회색빛을 띤 갈색이며, 껍질이 세로로 갈라진다. 잎은 달걀 모양 또는 타원 모양이며 끝이 뾰족하다. 마주나기 한다. 겨울에 잎이 모두 떨어지지 않고 일부는 남아 있다. 6~11월에 가지 끝에서 나팔 모양의 흰색 꽃이 원뿔 모양으로 모며 핀다. 납작하고 긴 타원 모양의 열매는 갈색으로 익고, 꽃받침이 붙어 있다. 중국 원산의 품종을 개량한 나무로 전 세계에서 널리 심고 있다. 댕강나무라는 이름은 바싹 마른 나뭇가지를 꺾으면 '댕강' 하고 잘 부러지거나 쇳소리가 날 정도로

바짝 마른 모양을 뜻한다고 한다. 댕강나무 종류 중에서 꽃이 아름다워 붙인 이름이다. » 242

꽃사과나무 장미과 (봄)

줄기는 검은빛을 띤 갈색이며 오래되면 거칠어진다. 잎은 타원 모양이거나 달걀 모양으로 끝이 뾰족하다. 가지 끝에서 촘촘하게 모여나며 어긋나기 한다. 4~5월에 흰색 또는 연한 분홍색, 붉은색 꽃이 핀다. 꽃봉오리는 분홍색이지만 피면서 흰색이 된다. 열매는 둥글고 가을에 붉은색으로 익으며 꽃받침 자국이 남아 있다. 꽃이 아름다워 붙인 이름이다. 비슷한 종으로 중국이 원산인 '서부해당(화)'이 있고, 원예 품종도 여럿 있다. » 125

꽝꽝나무 감탕나무과 (여름·가을)

줄기는 회색이고 가지와 잎이 무성하게 난다. 타원 모양 또는 긴 타원 모양의 잎은 가장자리의 톱니가 얕으며, 도톰하고 반들거린다. 어긋나기 한다. 암수딴그루로 7월에 햇가지 밑부분이나 잎겨드랑이에서 하얀빛을 띤 녹색 꽃이 핀다. 열매는 9~11월에 검은색으로 익는다. 가지가 치밀하고 단단해 도장이나 빗, 나무못을 만들거나 여러 동물 모양으로 꾸미기도 한다. 도톰한 잎을 태우면 '꽝꽝' 소리가 나는 것에서 붙인 이름이라고 한다. » 226

꾸지뽕나무 뽕나무과 (여름·가을)

줄기는 회색빛을 띤 갈색이며, 오래되면 껍질이 세로로 갈라져 떨어진다. 가지에는 잔가지가 변한 날카로운 가시가 있다. 잎은 달걀 모양으로 끝이 밋밋하거나 3갈래로 갈라지는 따위로 변이가 심하다. 어긋나기 한다. 암수딴그루로 5~6월에 잎겨드랑이에서 누런빛을 띤 녹색 꽃이 모여 핀다. 열매는 울퉁불퉁 둥근 모양이며, 9~10월에 붉은색으로 익으면 먹을 수 있다. 이름 유래에는 여러 의견이 있으며, 뽕나무보다 단단하다는 뜻의 '굳이뽕나무'에서 바뀐 이름이라고 한다. » 204

ㄴ

나무수국 수국과 (여름·가을)

줄기는 회색빛을 띤 갈색이며, 껍질이 세로로 갈라진다. 잎은 타원 모양 또는 달걀 모양이며 끝이 길게 뾰족하다. 마주나기 하지만 3장씩 돌려나기도 한다. 7~8월에 가지 끝에서 흰색 꽃이 원뿔 모양으로 모여 핀다. 겨울에도 마른 꽃이 달려 있다. 수국보다 큰 나무 모양으로 자라서 붙인 이름이다. » 221

낙상홍 감탕나무과 (여름·가을)

줄기는 회색빛을 띤 갈색이다. 잎은 타원 모양 또는 긴 타원 모양이며 끝이 뾰족하고 가장자리에 자잘한 톱니가 있다. 어긋나기 한다. 암수딴그루로 6월에 잎겨드랑이에서 연분홍색 꽃이 핀다. 둥근 열매는 10월에 붉은색으로 익는다. 이름은 서리가 내린 뒤에도 붉은 열매가 달려 있다는 한자 이름에서 비롯되었다. 비슷한 종으로 흰색 꽃이 피고 북아메리카가 원산인 '미국낙상홍'이 있다. » 191

낙우송 측백나무과 (봄)

뿌리 주변으로 공기뿌리(기근)들이 땅 밖으로 무릎 모양으로 튀어나온다. 줄기는 붉은빛을 띤 갈색이며, 껍질이 세로로 길게 벗겨진다. 잎은 바늘 모양이며 짧은 가지에서 깃털 모양으로 모여 어긋나기 한다. 잎이 달리는 잔가지도 어긋나기 한다. 가을에 붉은빛을 띤 갈색으로 단풍이 든다. 4~5월에 녹색 암꽃이 어린 가지 끝에 모여 달리며 수꽃은 노란빛을 띤 갈색으로 가지 끝에서 아래로 처져 달린다. 열매는 둥근 모양으로 열매 자루가 거의 없다. 10~11월에 노란빛을 띤 갈색으로 익고, 껍질이 비늘 조각으로 부서지면서 떨어진다. '깃털 모양의 잎이 떨어지는 소나무'라는 뜻에서 붙인 이름이다. » 177

남천 매자나무과 [여름·가을]

줄기는 갈색이며, 세로로 얕은 홈이 있다. 밑에서 줄기가 여러 대 나온다. 타원 모양의 작은 잎이 깃털 모양으로 3번 모여 달린다. 어긋나기 한다. 가을에 단풍이 아름답게 든다. 6~7월에 가지 끝에서 흰색 꽃이 원뿔 모양으로 모여 핀다. 열매는 둥글며 10~11월에 붉은색으로 익는다. 자라는 모양새가 남쪽에서 자라는 대나무를 닮아 원산지인 중국에서는 남천죽이라고 하는데 우리나라에 들어오면서 남천이 되었다. » 220

낭아초 콩과 [여름·가을]

줄기는 갈색이거나 회색빛을 띤 갈색이고 땅을 기면서 자란다. 타원 모양의 작은 잎 5~11장이 깃털 모양으로 모여 달린다. 어긋나기 한다. 6~9월에 잎겨드랑이에서 나비 모양의 붉은빛을 띤 자주색 꽃이 긴 꽃대를 따라 촘촘하게 매달려 아래쪽에서부터 위쪽으로 꽃이 핀다. 열매는 원기둥 모양이며 9~10월에 익는다. 이름은 꽃차례가 이리나 늑대의 송곳니처럼 끝이 가늘고 날카로운 것에 빗대어 붙였다고 한다. » 190

네군도단풍 무환자나무과 [봄]

줄기는 회색빛을 띤 갈색이며 가지는 대개 아래로 처진다. 작은 잎은 달걀 모양이거나 긴 타원 모양이다. 가장자리에 톱니가 몇 개 있으며 작은 잎 3~5장이 깃털 모양으로 모여 달린다. 마주나기 한다. 암수딴그루로 4~5월에 잎보다 먼저 꽃이 핀다. 암꽃은 5~15송이가 모여 피고 암술대가 2갈래로 갈라진다. 수꽃은 15~20송이씩 모여 피며, 꽃자루가 실처럼 가늘고 길게 아래쪽으로 늘어진다. 9~10월에 익는 열매는 날개가 있고 2개가 마주 달리며, 90도보다 좁게 벌어진다. 이름은 학명(에이서 네군도 *Acer negundo*)에서 따왔다. » 93

노각나무 차나무과 [여름·가을]

줄기는 회색빛을 띤 갈색이며, 오래되면 껍질이 얇은 조각으로 벗겨져 검은빛을 띤 누런색의 얼룩무늬가 생긴다. 잎은 타원 모양으로 양 끝이 뾰족하고 가장자리에 이빨 모양의 톱니가 있다. 어긋나기 한다. 6~8월에 어린 가지의 잎겨드랑이에서 흰색 꽃이 피며 수술이 많다. 암술만 남기고 수술과 꽃잎이 붙은 채로 떨어진다. 열매는 오각형으로 위쪽이 뾰족하다. 9~10월에 누런빛을 띤 붉은색으로 익으며 오랫동안 달려 있다. 나무가 단단해 여러 농기구를 만들었으며, 나무줄기를 사슴뿔(녹각) 모양으로 다듬어서 방어용으로 썼던 것에서 비롯되었다고 한다. 우리나라 고유종이다. » 231

노간주나무 측백나무과 [봄]

줄기는 갈색이며, 껍질이 세로로 얇게 갈라지면서 벗겨진다. 전체적인 나무 생김새는 좁은 원뿔 모양이며 가지가 아래로 처진다. 잎이 가늘고 단단하며 끝이 뾰족하다. 잎 3장이 돌려나며 밑부분에 마디가 있다. 앞면에 좁은 홈이 있어 자른 단면은 'V'자 모양이다. 암수딴그루로 4~5월에 지난해 가지의 잎겨드랑이에서 초록빛을 띤 갈색 암꽃과 노란빛을 띤 갈색 수꽃이 핀다. 둥근 열매는 회색빛을 띤 푸른색에서 이듬해 10~12월에 검은빛을 띤 자주색으로 익는다. 소의 코를 꿰는 코뚜레를 만드는 재료로 쓰였다. 이름은 늙은 가지가 있는 나무라는 뜻의 '노가지목'에서 비롯되었다. » 182

노린재나무 노린재나무과 [봄]

가지가 옆으로 퍼지며 자란다. 잎은 타원 모양이거나 거꾸로 선 달걀 모양으로 끝이 뾰족하다. 가장자리에 자잘한 톱니가 날카롭다. 어긋나기 한다. 4~6월에 어린 가지 끝에서 흰색 꽃이 원뿔 모양으로 모여 피며 향기가 있다. 열매는 타원 모양이며 9월에 푸른빛을 띤 자주색으로 익는다. 이 나무를 태운 재가 노란빛이 돈다는 뜻에서 붙인 이름이다. » 143

노박덩굴 노박덩굴과 [봄]

줄기는 갈색 또는 회색빛을 띤 갈색이며 다른 나무를 감고 올라가며 자란다. 잎은 타원 모양이며 끝이 갑자기 뾰족해진다. 가장자리에 둔한 톱니가 있다. 어긋나기 한다. 암수딴그루로 5~6월에 잎겨드랑이에서 노란빛을 띤 녹색 꽃이 모여 핀다. 수꽃에는 긴 수술이 5개 있고, 암꽃에는 짧은 수술 5개와 기다란 암술 1개가 있다. 둥근 열매는 9~10월에 노란색으로 익으며, 열매가 3갈래로 갈라지면 씨앗이 드러난다. 이름의 유래에는 여러 가지 의견이 있다. 그 가운데 길가를 한자로 노방이라고 하는데, 노방에서 자라는 나무라는 뜻의 '노방의 덩굴'에서 '노박덩굴'이 되었다고 한다. » 160

녹나무 녹나무과 (봄)
줄기는 갈색이거나 짙은 회색이고, 껍질이 세로로 깊게 갈라진다. 어린 가지는 녹색이다. 잎은 달걀 모양으로 끝이 길게 뾰족하며 잎맥 3줄이 뚜렷하다. 어긋나기 한다. 도톰하고 반들반들한 잎의 가장자리는 밋밋한 물결 모양이며, 잎을 자르면 향기가 난다. 5월에 햇가지의 잎겨드랑이에서 꽃줄기가 나와 흰색 꽃 여러 송이가 원뿔 모양으로 모여 피지만 이내 노란색으로 변한다. 열매는 둥글고 10월에 검은색으로 익는다. 어린 나뭇가지가 붉은빛을 띤 녹색이라 마치 쇠가 녹슨 것처럼 보여 붙인 이름이라고 한다. » 78

누리장나무 꿀풀과 (여름·가을)
줄기는 회색빛을 띤 갈색이고, 밑부분에서 줄기가 많이 올라온다. 넓은 달걀 모양의 잎은 끝이 길게 뾰족하다. 마주나기 한다. 줄기나 잎에서 누린내가 심하게 난다. 7~8월에 햇가지 끝에서 붉은색 꽃받침에 흰색 꽃이 모여 핀다. 암술과 수술이 길게 뻗고 향기가 진하다. 열매는 9~10월에 붉은색 꽃받침에 싸여 있다가 꽃받침이 벌어지면서 열매가 나와 푸른빛을 띤 자주색으로 익는다. 이름은 줄기와 잎에서 누린내가 나는 작대기 또는 막대기 나무라는 뜻이다. » 240

느릅나무 느릅나무과 (봄)
줄기는 어두운 갈색이며, 껍질이 세로로 갈라진다. 잎은 긴 타원 모양으로 끝이 길게 뾰족하며 가장자리에 겹톱니가 있다. 측맥이 10~16쌍이며 어긋나기 한다. 4~5월에 잎겨드랑이에서 연둣빛 꽃덮개에 꽃잎은 없고 갈색과 보랏빛이 뒤섞인 꽃밥만 달린 꽃이 7~15송이씩 모여 핀다. 열매는 납작한 타원 모양으로 날개가 있으며, 씨앗은 열매 가운데에 있다. 5~6월에 익는다. 이름은 '힘없이 길게 늘어지다'라는 뜻인 '느르다'에서 비롯되었다고 한다. '비술나무'보다 잎이 크고 폭이 넓으며 열매가 작다. 또 '참느릅나무'와는 달리 잎 가장자리에 겹톱니가 있고, 열매가 봄에 익으므로 구별된다. 외래종인 '당느릅나무'와 '미국느릅나무'는 느릅나무보다 잎이 크다. » 153

느티나무 느릅나무과 (봄)
줄기는 회색이거나 회색빛을 띤 갈색이다. 껍질이 비늘처럼 떨어지며 붉은색 껍질눈이 가로줄로 난다. 잎은 긴 타원 모양이며 끝이 길게 뾰족하고, 가장자리 톱니가 규칙적이다. 어긋나기 한다. 붉은색, 노란색으로 단풍이 든다. 4~5월에 잎과 함께 노란빛을 띤 녹색 꽃이 핀다. 수꽃은 햇가지 밑에 모여 달리고, 암꽃은 윗부분에서 여러 송이가 달리는데 꽃잎이 없고 암술대만 2개로 갈라진다. 열매는 일그러진 공 모양으로 10월에 익으며 매우 단단하다. 느티나무는 수명이 길고, 가지가 고르게 퍼지면서 둥근 모양을 이루며 자란다. 잎이 많아 그늘을 넓게 드리워 마을마다 정자나무로 심어서 오래된 나무들이 많다. 이름은 노랑을 뜻하는 '눌/눈'(누렇다)에서 비롯되었으며 '누런색을 띤 나무'라는 뜻이다. '괴목'이라고도 한다. » 72

능소화 능소화과 (여름·가을)
줄기는 회색빛을 띤 갈색이며, 껍질이 세로로 갈라진다. 줄기에 생기는 공기뿌리로 벽이나 다른 나무에 붙어 덩굴로 자란다. 잎은 달걀 모양이거나 긴 달걀 모양이며 끝이 길게 뾰족하다. 날카로운 톱니가 있는 작은 잎 7~9장이 깃털 모양으로 모여 핀다. 마주나기 한다. 7~8월에 가지 끝에서 주황색 꽃이 5~15송이씩 모여 핀다. 비슷한 종으로 능소화보다 꽃부리가 길고 꽃 지름이 작은 '미국능소화'가 있다. 옛날에는 양반집에서만 심을 수 있어 '양반꽃'이라고도 했다. 나무에 기대어 하늘 높이 자라는 나무라는 뜻의 한자 이름에서 따왔다. » 203

능수버들 버드나무과 (봄)

줄기는 회색빛을 띤 갈색이며, 껍질이 세로로 갈라진다. 가지는 아래로 길게 늘어진다. 1년생 가지는 노란빛을 띤 녹색이다. 잎은 좁고 길며 끝이 뾰족하다. 가장자리에 자잘한 톱니가 있다. 어긋나기 한다. 암수딴그루로 4월에 잎과 함께 꽃이 핀다. 열매는 달걀 모양이며 5월에 익는다. 흰색 털이 붙어 있는 씨앗은 바람에 날아다닌다. '능수'는 가지가 축 처진 상태를 뜻하며, 가지가 축 늘어진 버드나무라는 뜻이라고 한다. 이 나무와 비슷한 '수양버들'은 능수버들보다 수꽃과 암꽃의 씨방에 털이 많은 것으로 구별한다. 우리나라 고유종이다. » 55

ㄷ

다래 다래나무과 (여름·가을)

줄기는 검은빛을 띤 갈색이며 덩굴로 자란다. 오래될수록 껍질이 밝은 회색을 띠며 불규칙하게 갈라져 얇게 벗겨진다. 잎은 타원 모양 또는 넓은 달걀 모양이며, 끝이 뾰족하고 가장자리에 바늘 모양의 자잘한 톱니가 있다. 어긋나기 한다. 암수딴그루로 5~6월에 잎겨드랑이에서 흰색 꽃이 아래를 향해 핀다. 둥근 달걀 모양의 열매는 10월에 초록빛을 띤 누런색으로 익는데 단맛이 나며 먹을 수 있다. 새순은 나물로 먹기도 한다. 다래는 열매의 맛이 달아서 붙인 이름이다. » 230

다릅나무 콩과 (여름·가을)

줄기는 검은빛을 띤 갈색이거나 누런빛을 띤 갈색이다. 잎은 타원 모양 또는 달걀 모양이며, 가장자리가 밋밋한 잎 5~11장이 깃털 모양으로 모여 달린다. 어긋나기 한다. 7~8월에 가지 끝에서 위를 향해 나비 모양의 흰색 꽃이 원뿔 모양으로 모여 핀다. 꼬투리 열매는 9~10월에 갈색으로 익는다. 이름은 줄기 단면이 중심 쪽은 짙은 갈색, 바깥쪽은 흰색으로 달라 '다름나무'라고 하던 것이 변했다고 하거나, 느릅나무를 닮았는데 느릅나무와 달리 묵을수록 나무껍질이 종잇장처럼 벗겨져 도르르 말리는 것이 마치 불에 달아오르는 모습 같다는 뜻에서 비롯되었다고도 한다. » 222

다정큼나무 장미과 (봄)

잎은 타원 모양이거나 거꾸로 선 달걀 모양이며, 도톰하고 반들거린다. 어긋나기 하고 가지 끝에서 모여나기 한다. 4월에 가지 끝에서 흰색 꽃이 원뿔 모양으로 모여 핀다. 둥근 열매는 7~8월에 검은빛을 띤 자주색으로 익는다. 이름의 유래는 알 수 없지만 옹기종기 피어 있는 모습이 다정해 보인다. » 120

닥나무 뽕나무과 (봄)

줄기는 회색빛을 띤 갈색이며, 1년생 가지는 부드럽고 연하여 잘 꺾이지 않는다. 질긴 껍질로 한지를 만들려고 심어 기르기도 한다. 잎은 달걀 모양이거나 긴 달걀 모양이며, 끝이 뾰족하고 갈라지기도 한다. 가장자리에 날카로운 톱니가 있다. 어긋나기 한다. 5~6월에 잎과 함께 꽃이 피는데 수꽃은 햇가지 아랫부분에서 타원 모양으로 달리고, 암꽃은 윗부분의 잎겨드랑이에서 둥근 모양으로 달린다. 둥근 열매는 8~10월에 붉은색으로 익으며, 산딸기와 비슷하다. 이름은 줄기를 꺾으면 '딱' 하는 소리가 나서 '딱나무'라 부르다가 '닥나무'로 바뀌었다고 한다. » 22

단풍나무 무환자나무과 (봄)

줄기는 회색이고 어린 가지는 붉은빛을 띤 갈색이다. 잎은 원 모양에 가깝고 5~7갈래로 갈라진다. 마주나기 한다. 4~5월에 붉은색 꽃이 피며, 꽃잎은 없거나 2~5장으로 흔적만 남아 있다. 열매 2개가 90도보다 좁거나 넓게 마주 붙어 'V'자 모양으로 열매 자루에 달린다. 열매에 타원 모양으로 날개가 있다. 단풍나무는 잎이 붉게 물들고, 나무가 바람에 흔들리는 모습에서 붙인 이름이다. 봄부터 가을까지 잎이 붉은 '홍단풍'도 있다. » 41

담쟁이덩굴 포도과 (여름·가을)

줄기는 회색빛을 띤 갈색이며 덩굴로 자란다. 줄기에서 공기뿌리와 덩굴손이 잎과 마주난다. 끝에 개구리 발가락 모양의 빨판처럼 생긴 둥근 뿌리가 나와 나무나 바위에 잘 붙는다. 넓은 달걀 모양의 잎은 끝이 3갈래로 갈라지지만 모양이 여러 가지다. 가장자리에 불규칙한 톱니가 있다. 어린잎은 3장이 모여 달리기도 한다. 어긋나기 한다. 5월에 잎겨드랑이나 짧은 가지 끝에서 노란빛을 띤 녹색 꽃이 모여 핀다. 둥근 열매는 8~10월에 검은색으로 익으며 겉에 하얀 가루가 덮여 있다. 담장을 잘 기어올라 붙인 이름이다. » 253

담팔수 담팔수과 (여름·가을)

줄기는 회색빛을 띤 갈색이며 껍질눈이 있다. 잎이 좁고 기다란 모양이며, 중간쯤부터 아래쪽이 약간 볼록하고 가장자리에 물결 모양의 톱니가 있다. 잎이 도톰하고 반들거린다. 어긋나기 한다. 붉게 물든 잎이 가지에 몇 장씩 달려 있다. 7~8월에 햇가지 밑부분의 잎겨드랑이에서 흰색 꽃이 아래를 향해 모여 핀다. 열매는 둥글고, 11월에 검은빛을 띤 자주색으로 익는다. 잎이나 열매가 쓸개처럼 쓴맛이고, 잎의 배열이 여덟 팔(八)처럼 보인다거나 잎이 여덟 가지 빛을 낸다고 해서 붙인 이름이라고 한다. 제주도 서귀포 천지연에서 자생하는 군락지는 천연기념물 제163호로 지정하여 보호하고 있다. » 227

당단풍나무 무환자나무과 (봄)

줄기는 회색이고 어린 가지는 붉은빛을 띤 갈색이다. 잎은 7~11갈래로 갈라지고 끝이 뾰족하다. 잎 뒷면의 잎맥을 따라 털이 있다. 마주나기 한다. 열매는 타원 모양으로 2개가 마주 붙고 열매 날개가 거의 수평으로 벌어진다. 단풍나무보다 북쪽 지방에서 자라 '당'을 붙인 이름이지만, 우리나라 전국의 산에서 쉽게 볼 수 있다. » 43

대왕참나무 참나무과 (봄)

줄기는 회색으로 매끈하며, 오래되면 세로로 얕게 껍질이 갈라진다. 어린나무 줄기는 붉은빛을 띤 갈색이다. 잎은 거꾸로 선 달걀 모양으로 반들거리고, 여러 갈래로 깊게 갈라진다. 가장자리에 뾰족한 침이 3~7개 있다. 가을에 붉은색으로 단풍이 든다. 어긋나기 한다. 4~5월에 잎과 함께 꽃이 피는데 수꽃은 꼬리 모양으로 아래로 늘어지고 암꽃은 윗부분에 달린다. 도토리는 둥글납작한 모양으로 9월에 익고, 검은색과 갈색 세로줄 무늬가 있다. 깍정이는 납작하다. '핀참나무'라 부르기도 하는데 잎 가장자리에 침이 있어 붙인 이름이다. 비슷한 종인 '루브라참나무'는 북아메리카가 원산으로 잎이 7~9갈래로 깊이 갈라지며, 도토리가 대왕참나무보다 크고 타원 모양이다. » 69

대추나무 갈매나무과 (여름·가을)

줄기는 회색빛을 띤 갈색이다. 잎은 달걀 모양이며 가장자리에 둔한 톱니가 있다. 잎맥 3줄이 뚜렷하며 반들거린다. 어긋나기 한다. 5~7월에 잎겨드랑이에서 초록빛을 띤 누런색 꽃이 핀다. 열매는 타원 모양으로 9~10월에 붉은빛을 띤 갈색으로 익는다. 가지에 가시가 많다는 뜻의 '대조'에서 변한 이름이라고 한다. » 214

댕댕이덩굴 새모래덩굴과 (여름·가을)

줄기는 회색이고 어린줄기는 녹색이다. 다른 물체를 감으며 덩굴로 자란다. 잎은 달걀 모양 또는 둥근 달걀 모양이지만 윗부분이 3갈래로 갈라지는 따위로 변이가 심하다. 어긋나기 한다. 암수딴그루로 6월에 잎겨드랑이에서 연두색 꽃이 원뿔 모양으로 모여 핀다. 둥근 열매는 10월에 검은색으로 익으며 하얀 가루로 덮인다. 옛사람들이 바구니나 지게, 등짐을 묶을 때 쓸 만큼 줄기가 질기고 튼튼한 덩굴식물이라는 뜻에서 붙인 이름이라고 한다. 우리말 '댕댕하다'는 누를 수 없을 정도로 굳고 단단하다는 뜻이다. » 248

더위지기 국화과 (여름·가을)

줄기는 갈색 또는 회색빛을 띤 갈색이며, 오래되면 밑부분이 나무처럼 딱딱해지고 굵어진다. 깃털 모양으로 갈라진 잎 여러 장이 모여 달리면서 삼각형을 이룬다. 마주나기 한다. 7~8월에 잎겨드랑이에서 머리 모양의 노란색 꽃이 원뿔 꽃차례를 이루고 아래를 향해 핀다. 열매는 11월에 익는다. 쑥 냄새가 난다. 이름은 더위(열)를 이기게 하는 데 효과가 있다는 뜻에서 유래했으며, '인진쑥'이라고도 한다. » 254

덜꿩나무 산분꽃나무과 (봄)

줄기는 회색빛을 띤 갈색이고, 어린 가지에는 털이 촘촘하다. 잎은 달걀 모양이거나 거꾸로 선 달걀 모양이며 가장자리에 이빨 모양의 톱니가 있다. 잎끝이 뾰족하다. 앞면에는 별 모양의 털이 드문드문 있고, 뒷면에는 별 모양의 털이 빽빽하다. 마주나기 한다. 5월에 가지 끝에서 흰색 꽃이 접시 모양으로 모여 핀다. 둥근 열매는 9~10월에 붉은색으로 익는다. 들(사투리는 '덜')에 사는 꿩들이 이 열매를 좋아해서 붙인 이름이라고 한다. 비슷한 종인 원예 품종 털설구화 '라나스'는 5월에 가지 끝에서 흰색 꽃이 둥글게 모여 피는데, 가운데는 진짜 꽃, 가장자리는 장식 꽃이다. » 150

덩굴장미 장미과 (봄)

줄기는 짙은 자줏빛을 띠고 갈고리 모양의 가시가 있다. 5~9장의 작은 잎이 깃털 모양으로 모여 달리며 잎자루에 털이 있다. 어긋나기 한다. 4~5월에 햇가지 끝에서 꽃이 피는데 품종에 따라 꽃의 크기, 색, 모양, 향기, 꽃이 피는 시기 따위가 다르다. 둥근 모양의 열매는 7~8월에 붉은색으로 익는다. 꽃이 지고 난 줄기를 잘라 주면 새 줄기가 나와 겨울이 오기 전까지 꽃이 계속 핀다. 담장에 기대어 덩굴로 자라는 식물이라는 뜻의 이름이며, 영어 이름 로즈(Rose)는 붉은색에서 따왔다. » 29

독일가문비 소나무과 (봄)

줄기는 갈색이거나 어두운 갈색이고, 오래되면 껍질이 비늘 조각으로 불규칙하게 갈라진다. 잎은 바늘 모양으로 구부러지거나 끝이 뾰족하고, 잎 뒷면에 미세한 흰색 숨구멍 줄이 있다. 5~6월에 잎겨드랑이에 누런빛을 띤 녹색 수꽃이 달리고, 암꽃은 녹색이나 연한 붉은색으로 가지 끝에 달린다. 열매는 기둥 모양으로 아래를 향해 달리고 10월에 갈색으로 익는다. 이름은 독일 원산의 가문비를 닮은 나무라는 뜻이다. » 168

돈나무 돈나무과 (봄)

줄기는 검은빛을 띤 갈색이다. 거꾸로 선 달걀 모양의 잎이 기다랗게 가지 끝에서 모여난다. 잎은 뒤로 말리며, 도톰하고 반들거린다. 어긋나기 한다. 5~6월에 가지 끝에서 흰색 꽃이 모여 피다가 차츰 연한 노란색으로 바뀌고 향기가 진하다. 열매는 둥글고 10~11월에 익는다. 익은 열매가 벌어지면서 고약한 냄새가 나는 끈끈한 액체에 싸인 붉은색 씨앗이 드러나는데 이때 파리가 몰려든다. 파리가 모여드는 것을 보고 제주도 사투리로 '똥낭(똥나무)'이라 하던 것이 '돈나무'가 되었다. » 109

동백나무 차나무과 (봄)

줄기는 회색빛을 띤 갈색이고 1년생 가지는 갈색이다. 잎은 타원 모양으로 도톰하고 반들거리며 끝이 뾰족하다. 가장자리에 물결 모양의 자잘한 톱니가 있다. 어긋나기 한다. 11월에서 이듬해 4월까지 가지 끝이나 잎겨드랑이에서 붉은색 꽃이 핀다. 열매는 둥글고 9~10월에 붉은색으로 익은 뒤 3갈래로 갈라진다. 갈색 씨앗은 기름을 짜서 사용했다. 세계 여러 나라에서 개량한 여러 품종이 있다. 추운 겨울에 꽃을 피우는 푸르른 나무라는 뜻에서 붙인 이름이다. » 44

두릅나무 두릅나무과 (여름·가을)

줄기는 회색빛을 띤 갈색이다. 줄기 전체에 가시가 난다. 잎은 달걀 모양이고 끝이 뾰족하며 가장자리에 큰 톱니가 있다. 잎이 깃털 모양으로 2번 모여 달리고, 작은 잎 사이에 가시가 있다. 어긋나기 한다. 6~8월에 가지 끝에서 초록빛을 띤 흰색 꽃 여러 송이가 둥글게 모여 핀다. 둥근 열매는 9~10월에 검은색으로 익는다. 새순을 '두릅'이라 하며, 나물로 먹으려고 심어 기르기도 한다. 나뭇가지 끝에서 어린순이 나온다는 뜻의 '둘훕'이 변한 이름이다. » 235

두충 가리아과 (봄)
줄기는 회색빛을 띤 갈색이고, 오래되면 껍질이 세로로 불규칙하게 갈라진다. 잎은 타원 모양으로 끝이 뾰족하고 가장자리에 예리한 톱니가 있다. 어긋나기 한다. 나무껍질이나 잎, 열매를 자르면 고무처럼 끈적끈적하고 가느다란 실이 나온다. 암수딴그루로 5월에 암술 2개가 뒤로 젖혀진 암꽃과 수꽃 여러 송이가 모여 달린다. 열매는 긴 타원 모양에 10~11월에 익는다. 가운데에 씨앗이 들어 있고 날개가 달렸다. 줄기는 한약재로, 잎은 차(두충차)로 우려내어 마신다. 이름은 중국의 두중이라는 사람이 이 나무의 껍질을 달여 마시고 도를 깨우쳤다는 이야기에서 비롯되었다고 한다. » 156

들메나무 물푸레나무과 (봄)
줄기는 회색이고 매끈하며, 오래되면 껍질이 세로로 갈라진다. 잎은 달걀 모양으로 끝이 뾰족하며, 3~17장(보통 9~11장)이 깃털 모양으로 모여 달린다. 마주나기 한다. 암수딴그루로 4월에 2년생 가지에서 꽃이 모여 핀다. 길쭉한 열매는 9~10월에 익으며 날개가 있다. 물푸레나무보다 작은 잎이 많다. 들메는 신발 끈을 뜻하며, 나무껍질을 벗겨 '들메'로 사용했다는 뜻에서 붙인 이름이라고 한다. » 162

등(등나무) 콩과 (봄)
줄기는 회색빛을 띤 갈색이고 다른 물체를 감으면서 자란다. 기다란 타원 모양의 작은 잎 13~19장이 깃털 모양으로 모여 달린다. 어긋나기 한다. 5월에 잎과 함께 햇가지 끝이나 잎겨드랑이에서 나비 모양의 연한 자주색 꽃이 긴 송이를 이루며 아래로 처져서 핀다. 향기가 좋다. 기다란 꼬투리 열매는 겉에 부드러운 털이 있으며 9월에 익는다. 겨울에 건조할 때 열매가 터지면서 씨앗이 튕겨 나온다. 씨앗은 둥글고 납작하며 매끄럽다. 흰색 꽃이 피는 '흰등'도 있다. '용솟음치듯 위로 감고 올라가는 풀'이라는 뜻의 중국 이름 '등'을 그대로 따왔으며, 흔히 '등나무'라고 한다. 지지대나 구조물을 세워 그늘을 드리우는 나무로 쓰임새가 있다. » 37

딱총나무 산분꽃나무과 (봄)
줄기는 어두운 갈색이며, 코르크가 발달한 껍질이 세로로 깊이 갈라진다. 잎은 긴 타원 모양이거나 긴 달걀 모양이다. 깃털 모양으로 5~7장이 모여 달린 잎은 마주나기 한다. 5월에 가지 끝에서 자잘한 연한 노란색 꽃이 모여 핀다. 둥근 열매는 6~7월에 붉은색으로 익는다. 꺾으면 '딱' 하고 소리가 나고, 딱총을 만드는 데 쓰이는 나무라는 뜻에서 붙인 이름이라고 한다. 비슷한 종으로 '캐나다딱총나무'가 있다. » 99

땅비싸리 콩과 (봄)
뿌리에서 여러 대의 줄기가 나오고 잔가지는 갈색이다. 잎은 둥근 모양이거나 거꾸로 선 달걀 모양이며 끝에 바늘 모양의 작은 돌기가 있다. 작은 잎 7~11장이 깃털 모양으로 모여 달린다. 어긋나기 한다. 5~6월에 잎겨드랑이에서 연한 붉은빛을 띤 자주색 꽃이 모여 핀다. 꼬투리 열매는 긴 원기둥 모양으로 10월에 익는다. 이름은 '비싸리(댑싸리의 사투리)'를 닮아 빗자루로 쓰였으며 비싸리보다 작아 땅에 붙어서 자란다는 뜻에서 붙였다고 한다. » 38

때죽나무 때죽나무과 (봄)
줄기는 검은빛을 띤 갈색이며 세로줄이 있다. 잎은 달걀 모양이거나 긴 타원 모양으로 끝이 뾰족하다. 어긋나기 한다. 5~6월에 잎겨드랑이에서 흰색 꽃이

2~5송이씩 아래를 향해 모여 피며 향기가 진하다. 열매는 타원 모양이며, 9월에 연한 회색으로 익으면 껍질이 갈라지면서 타원 모양의 갈색 씨앗이 나온다. 때죽나무 꽃이 질 무렵부터 바나나 모양으로 줄기 끝에 때죽납작진딧물이 만든 벌레혹이 오래도록 달려 있다. 이름에 대해서는 여러 의견 있다. 줄기(전라도 사투리로 쪽데기), 특히 나무껍질과 1년생 가지가 마치 때가 있는 것처럼 보인다거나 열매에서 얻은 기름을 비누로 사용했다고 해서 붙인 이름이라고도 한다. 독성이 있다. » 144

떡갈나무 참나무과 (봄)

줄기는 회색이거나 회색빛을 띤 갈색이고, 껍질이 세로로 불규칙하게 갈라진다. 가지와 겨울눈이 갈색 털로 빽빽하게 덮여 있다. 거꾸로 선 달걀 모양의 잎은 도톰하고 가죽처럼 질기며, 끝이 둥글다. 가장자리에는 물결 모양의 뭉툭한 톱니가 있다. 잎 뒷면에 별 모양의 갈색 털이 있다. 잎자루는 거의 없고 잎이 시작되는 부분이 귓불 모양으로 통통하다. 어긋나기 한다. 우리나라에서 자라는 참나무 종류 중 가장 잎이 크다. 5월에 잎과 함께 꽃이 핀다. 수꽃 이삭은 아래로 늘어지고 암꽃은 햇가지 끝의 잎겨드랑이에서 모여 달린다. 도토리는 둥근 모양으로 10월에 익으며, 깍정이는 가시 같은 비늘 조각들이 뒤로 젖혀진 모양새다. 이름은 넓은 잎을 덮개로 사용하는 갈나무라는 뜻의 '덥가나모'에서 비롯되었다고 하며, '떡을 찔 때 잎을 깔 수 있는 나무'라는 뜻이라고도 한다. » 67

뜰보리수 보리수나무과 (봄)

줄기는 검은빛을 띤 갈색이고 어린 가지는 붉은빛을 띤 갈색 비늘로 덮여 있다. 잎은 긴 타원 모양으로 앞면에는 별 모양의 털이, 뒷면에는 흰색과 갈색의 비늘털이 섞여 난다. 어긋나기 한다. 4~5월에 연한 노란색 꽃이 핀다. 열매는 타원 모양이며 6~7월에 붉은색으로 익는다. 보리수나무보다 열매가 크다. 이름은 관상용으로 뜰에 심는 보리수라는 뜻이다. » 137

ㄹ

라벤더 꿀풀과 (여름·가을)

잎은 가늘고 뾰족하며 털이 많아 흰색을 띤다. 마주나거나 돌려난다. 6~9월에 보라색 또는 흰색 꽃이 모여 방망이 모양으로 핀다. 꽃, 잎, 줄기를 덮고 있는 털 사이에 기름샘이 있어 식물 전체에서 향이 난다. 여러 가지 품종이 있다. 라벤더라는 이름은 라틴어의 '목욕하다'에서 비롯되었다. 향기로운 냄새가 나는 기름인 향유를 얻으려고 심는 대표적인 식물이다. 추운 곳에서는 실내에서 기른다. » 200

라일락(서양수수꽃다리) 물푸레나무과 (봄)

줄기는 검은빛을 띤 갈색이고 가지가 많이 갈라진다. 잎은 심장 모양으로 끝이 뾰족하고 가장자리는 밋밋하다. 마주나기 한다. 4~5월에 가지 끝에서 보라색이나 흰색의 작은 꽃이 원뿔 모양으로 모여 피며, 향기가 좋다. 열매는 타원 모양이고 9~10월에 갈색으로 익는다. 우리나라 자생종 '수수꽃다리'는 잎 모양(가로보다 세로가 긴 모양)과 꽃의 화관통부(꽃잎 전체가 하나로 합쳐진 꽃에서 원기둥 모양 또는 깔때기 모양으로 된 부분)가 좁고 길쭉하며, 뒤로 젖힌 꽃잎의 모양으로 구별하지만 쉽게 만날 수 없다. 꽃차례가 수수 이삭과 비슷하고 풍성하게 달린 수수꽃다리가 미국으로 건너가 개량된 품종인 '미스김라일락'은 라일락이나 수수꽃다리보다 크기와 잎, 꽃이 작다. 라일락은 푸르스름하다는 뜻이다. » 51

란타나 마편초과 (여름·가을)

잎은 달걀 모양으로 가장자리에 둔한 톱니가 있으며, 잎 겉쪽에 주름이 많다. 마주나기 한다. 우리나라에서는 주로 여름에 주황색, 노란색, 보라색 꽃이 핀다. 시간이 지남에 따라 꽃색이 변하여 '칠변화'라고도 한다. 향기가 독특하고 식물 전체에 독성이 있다. 추위에 약해 안에서 기르지만, 제주도에서는 야외에서도 잘 자란다. » 201

로즈마리 꿀풀과 (여름·가을)

줄기는 네모지며 잔가지가 많다. 잎은 가늘고 길다. 잎 윗면은 녹색이고 뒷면은 회색 털이 많다. 5~7월에 연한 하늘색 또는 연한 보라색, 연한 분홍빛 꽃이 핀다. 나무 전체에서 향이 난다. 이름은 주로 해변에서 자라면서 독특한 향기를 내는 것에 빗대어 '바다의 이슬'이라는 뜻이다. 향기로운 냄새가 나는 기름인 향유를 얻으려고 심는 대표적인 식물이다. 추운 곳에서는 실내에서 기른다. » 200

리기다소나무 소나무과 (봄)

줄기는 붉은빛을 띤 갈색이고, 껍질이 세로로 길게 갈라진다. 잎은 바늘 모양으로 단단하며 3장씩 모여 촘촘하게 달린다. 줄기에서 짧은 가지가 나와 바늘 모양의 잎이 3장씩 모여 달려 소나무와 쉽게 구별된다. 4~5월에 노란빛을 띤 녹색 수꽃은 햇가지 아래에 달리고 연한 자주색 암꽃은 끝에 달린다. 열매는 달걀 모양으로 이듬해 9월에 갈색으로 익으며, 비늘 조각 끝에 날카로운 가시 모양의 돌기가 있다. '세잎소나무'라고도 한다. 학명 '피누스 리기다(*Pinus rigida*)'에서 '단단하다'는 뜻의 '리기다'를 붙인 이름이다. » 172

마가목 장미과 (봄)

줄기는 노란빛을 띤 갈색이다. 긴 타원 모양에 끝이 길게 뾰족한 작은 잎 9~13장이 깃털 모양으로 모여 달린다. 어긋나기 한다. 5~7월에 가지 끝에서 흰색 꽃이 모여 피는데 향기가 독특하다. 둥근 열매는 9~10월에 붉은색으로 익는다. 이름은 봄에 새순이 돋아나는 모습이 말의 이빨을 닮았다 하여 붙였다고 한다. 또 산에 사는 노인이 자신이 가진 나무로 지팡이를 만들어 말 한 필과 바꾼 데(말 마馬, 값 가價, 나무 목木)에서 비롯되었다고도 한다. » 128

마삭줄 협죽도과 (봄)

줄기는 붉은빛을 띤 갈색이며, 공기뿌리를 내려 다른 물체를 타고 오르는 덩굴로 자란다. 잎은 달걀 모양이거나 좁은 타원 모양이며, 반들거리고 마주나기 한다. 5~6월에 가지 끝이나 잎겨드랑이에서 피는 흰색 꽃이 차츰 노란색으로 변한다. 열매는 긴 막대 모양으로 2개가 마주 보고 열리며 8~10월에 익는다. 가을에 단풍이 아름다우며 잎을 보고 즐기려고 개량한 품종이 여럿 있다. 이름은 삼으로 꼰 밧줄을 뜻하는 마삭과 줄을 합친 것으로, 덩굴성 줄기로 줄을 만들었던 것에서 비롯되었다. 비슷한 종으로 잎이 둥글고 큰 '백화등'이 있다. » 147

만첩풀또기 장미과 (봄)

가지는 붉은빛을 띤 갈색이거나 자줏빛을 띤 갈색으로 매끄럽다. 뿌리에서 줄기가 많이 나와 포기를 이루며 자란다. 잎은 거꾸로 선 달걀 모양이거나 역삼각형 모양으로 가장자리에 겹톱니가 있다. 어긋나기 한다. 꽃은 4~5월에 잎보다 먼저 피며, 분홍색 겹꽃이 가지마다 다닥다닥 붙어 핀다. 열매는 둥근 모양으로 매우 작고 8월에 붉은색으로 익는다. 원래 종인 풀또기는 홑꽃으로 피고 잎 끝을 자른 듯한 모양이다. 관상용으로 풀또기보다는 만첩풀또기를 주로 심는다. » 34

말발도리 수국과 (봄)

줄기는 회색빛을 띤 갈색이고, 껍질이 세로로 얇게 벗겨진다. 1년생 가지는 녹색을 띤 갈색 또는 녹색으로 껍질이 벗겨지지 않는다. 잎은 긴 달걀 모양이거나 타원 모양으로 끝이 뾰족하고 가장자리에 자잘한 톱니가 있다. 물참대와는 달리 잎 앞면, 꽃받침통, 열매에 별 모양의 털이 있다. 마주나기 한다. 5~6월에 가지 끝에서 흰색 꽃이 모여 피는데 꽃턱이 붉은빛을 띤 노란색이다. 열매는 종 모양으로 9~10월에 익으며 크기가 물참대보다 작다. 이름은 열매 모양이 말발굽(말발)을 닮았다는 뜻에서 비롯되었다. 비슷한 종으로 일본이 원산이고 주로 정원이나 공원에 심는 '애기말발도리'가 있다. » 107

말오줌때 고추나무과 (봄)

줄기는 회색빛을 띤 갈색으로 매끈하며, 오래되면 껍질이 세로로 갈라진다. 가지는 초록빛을 띤 갈색이다. 가지를 꺾으면 고약한 냄새가 난다. 긴 달걀 모양의 잎 5~11장이 깃털 모양으로 모여 달리며 반들거린다. 마주나기 한다. 5~6월에 노란빛을 띤 녹색 꽃이 햇가지 끝에서 원뿔 모양으로 모여 핀다. 꼬부라진 타원 모양의 열매는 9~10월에 붉은색으로 익고, 껍질이 갈라지면서 검은색 씨앗이 나온다. 가지를 자르면 말 오줌 같은 냄새가 난다고 해서 붙인 이름이며, 때는 대(작대기)의 된소리로 줄기나 가지를 일컫는 사투리라고 한다. » 161

말채나무 층층나무과 (봄)

줄기는 검은빛을 띤 갈색이고 껍질이 그물처럼 갈라진다. 잎은 달걀 모양이거나 타원 모양이며 가장자리가 밋밋하다. 측맥이 4~5쌍이며 뚜렷하다. 마주나기 한다. 5~6월에 가지 끝에서 접시 모양으로 평평하게 흰색 꽃이 모여 핀다. 이름은 가지가 가늘고 길며 잘 휘어져 말채찍으로 사용한 데서 비롯되었다. '조선층층나무'라고도 한다. 비슷한 종 '곰의말채나무'는 곰처럼 큰 말채나무라는 뜻으로 측맥이 6~8(10)쌍이고 말채나무보다 잎이 크고 길쭉하다. » 141

망종화 물레나물과 (여름·가을)

줄기는 갈색이며 무리 지어 자란다. 긴 달걀 모양의 잎은 끝이 둥글고 잎 가장자리는 밋밋하다. 마주나기 한다. 6~9월에 가지 끝에서 노란색 꽃이 핀다. 달걀 모양의 열매는 10~11월에 갈색으로 익는다. 꽃이 피는 시기가 절기 망종(양력으로 6월 6일경) 무렵에 피어 붙인 이름이라고 한다. 비슷한 종으로는 북아메리카 원산으로 망종화보다 잎이 가늘고 돌려나듯이 마주나며 꽃이 작은 '갈퀴망종화'가 있다. » 217

매실나무 장미과 (봄)

줄기는 짙은 회색이고, 껍질이 불규칙하게 갈라진다. 햇가지는 녹색이다. 달걀 모양 또는 타원 모양의 잎은 끝이 길게 뾰족하고 가장자리에 자잘한 톱니가 있다. 어긋나기 한다. 2~4월에 잎보다 먼저 흰색이나 진한 분홍색 꽃이 핀다. 꽃받침이 꽃잎을 감싸고 있는 것이 살구나무와 다르다. 둥근 열매는 6~7월에 누런빛을 띤 녹색으로 익는데 신맛이 난다. 열매인 매실로 잼이나 술 따위를 만들며, 씨앗에 과육이 붙어 있어 잘 떨어지지 않는다. 이름은 매화의 열매를 뜻하는 한자 이름 '매실'에서 비롯되었다. 여러 겹의 꽃이 피는 '만첩흰매실', '만첩홍매실'이 있다. '매화나무'라고도 한다. » 117

먼나무 감탕나무과 (봄)

줄기는 회색빛을 띤 백색이다. 잎은 타원 모양이거나 긴 타원 모양으로 도톰하고 반들거리며, 잎자루가 길다. 잎 가장자리는 밋밋하다. 어긋나기 한다. 암수딴그루로 5~6월에 햇가지의 잎겨드랑이에서 붉은빛이 도는 녹색 꽃이 모여 핀다. 둥근 열매는 9~12월에 붉은색으로 익으며, 겨울에도 달려 있다. 이름은 제주도 사투리로 열매가 작은 사과인 '멋'을 닮아 '멋낭→먼낭'이라고 부른 것에서 비롯되었다고 한다. » 157

멀구슬나무 멀구슬나무과 (봄)

줄기는 어두운 갈색으로 잘게 갈라지고, 가지가 사방으로 퍼지면서 자란다. 작은 잎은 달걀 모양이거나 타원 모양이며 여러 장이 모여 달린다. 그 잎이 다시 2~3장씩 모여 달리는 겹잎이다. 어긋나기 한다. 5월에 햇가지 끝에서 연한 보라색 꽃이 원뿔 모양으로 모여 핀다. 열매는 넓은 타원 모양으로 9~10월에 노란색으로 익는데 차츰 쭈글쭈글해지고 이듬해 봄까지 달려 있다. 열매는 가축의 기생충을 없애는 약으로 쓰였으며 기름을 짜기도 했다. 이름은 열매에서 염주를 만드는 구슬을 얻는 나무라는 뜻으로 '목구슬나무'라고 부르다가 '멀구슬나무'가 되었다기도 하고, 열매가 말방울과 비슷하게 생겨 제주도의 사투리 '몰쿠실낭'에서 '멀구슬나무'가 되었다고도 한다. » 39

멀꿀 으름덩굴과 (봄)

1년생 줄기는 털이 없고 녹색이 감돈다. 달걀 모양이거나 긴 타원 모양의 잎 5~7장이 손바닥 모양으로 모여 달린다. 잎이 도톰하고 반들거리며 어긋나기 한다. 암수한그루이며 4~5월에 잎겨드랑이에서 나오는 꽃차례에 흰색 꽃이 3~7송이씩 모여 핀다. 타원 모양의 열매는 8~10월에 붉은빛을 띤 자주색으로 익으며 먹을 수 있다. 이름은 익은 열매가 마치 멍이 든 것처럼 보이고, 꿀처럼 달아 붙인 '멍꿀'에서 비롯되었다고 한다. » 103

멍석딸기 장미과 (봄)

줄기는 붉은빛을 띤 갈색이고 어린 가지는 녹색이다. 줄기에 짧은 가시와 털이 있으며 옆으로 비스듬하게 뻗으며 자란다. 달걀 모양의 작은 잎 3장이 모여 달리며 잎 뒷면에 흰색 털이 빽빽하게 난다. 어긋나기 한다. 5~6월에 가지 끝이나 잎겨드랑이에서 분홍색 꽃이 모여 핀다. 둥근 모양의 열매는 7~8월에 붉은색으로 익는다. 땅바닥에 붙어서 자라는 모양이 옛날에 곡식을 널어 말리는 멍석에 빗대어 붙인 이름이다. » 28

메타세쿼이아 측백나무과 (봄)

짧은 가지에 바늘 모양의 잎이 깃털 모양으로 마주나게 달리며, 잎이 달리는 가지도 마주나기 한다. 잎은 가을에 붉은 갈색으로 물들며 가지와 함께 떨어진다. 잎이 나기 전 2~4월에 녹색 또는 갈색 암꽃이 어린 가지 끝에 모여 달리고, 노란빛을 띤 갈색 수꽃은 여러 송이가 꼬리 모양으로 모여 달려 가지 끝에서 아래로 늘어진다. 열매는 둥글고 10~11월에 갈색으로 익는다. 낙우송보다 열매 자루가 길다. 한때 멸종된 것으로 보았지만 중국 장강 상류에서 살아 있는 나무가 발견되어 '살아 있는 화석 식물'로 알려졌으며, 세계 여러 나라로 보급이 되어 주변에서도 쉽게 볼 수 있게 되었다. 학명 메타세쿼이아(*Metasequoia*)의 '메타'는 '다음'이란 뜻이고 '세쿼이아'는 미국의 대표적인 바늘잎나무을 가리키며, 세쿼이아 다음으로 발견되었다는 뜻이다. '세쿼이아'는 북아메리카 원주민 체로키 부족의 문자를 만든 추장 세쿼이아의 이름에서 비롯되었다고 한다. 우리나라에서도 오래전에 자라던 식물이라고 한다. » 176

명자나무(명자꽃) 장미과 (봄)

줄기는 검은빛을 띤 자주색이고, 가지가 변한 가시가 있다. 잎은 타원 모양이거나 긴 타원 모양이며, 잎자루가 짧다. 잎끝이 뾰족하며, 가장자리에 자잘한 톱니가 있다. 턱잎은 달걀 모양으로 일찍 떨어진다. 어긋나기 한다. 4~5월에 짧은 가지에서 흰색, 분홍색, 붉은색, 살구색 등 여러 색의 꽃이 핀다. 열매는 타원 모양에 10센티미터가량 길이로 자라고 8월에 노랗게 익는다. 풀명자나무는 열매가 거의 둥근 모양에 크기가 3~4센티미터로 명자나무와 구별된다. 한자로 '명사'로 표기한 식물 이름에서 비롯되었거나 명사의 열매를 '명자'라고 부른 데서 비롯되었다고 한다. » 34

모감주나무 무환자나무과 (여름·가을)

줄기는 회색빛을 띤 갈색이며, 오래되면 껍질이 세로로 갈라진다. 잎은 달걀 모양 또는 좁은 달걀 모양으로 끝이 뾰족하다. 가장자리에 둔한 톱니가 있는 잎 7~15장이 깃털 모양으로 모여 어긋나게 달린다. 6~7월에 가지 끝에서 노란색 꽃이 원뿔 모양으로 모여 핀다. 꽈리처럼 생긴 열매는 풍선처럼 부풀고 10월에 갈색으로 익는다. 씨앗은 검은색이고 매끄럽다. 씨앗으로 염주를 만드는 무환자나무와 뒤섞여 불러서 무환자의 옛말 '모관쥬'가 변한 이름이라고 하며, '염주나무'라고도 한다. » 213

모과나무 장미과 (봄)

줄기는 회색빛을 띤 갈색이고, 껍질이 조각조각 벗겨져 얼룩무늬처럼 보인다. 잎은 달걀 모양이거나 긴 타원 모양으로 양 끝이 좁고, 가장자리에 자잘하게 뾰족한 톱니가 있다. 턱잎은 타원 모양이며 가장자리에 샘털이 있다. 어긋나기 한다. 4~5월에 가지 끝에서 분홍색 꽃이 한 송이씩 핀다. 열매는 타원 모양이며

9~10월에 노랗게 익으며, 매우 딱딱하지만 향기가 좋다. 이름은 나무에 달리는 참외와 비슷한 열매라는 뜻의 '목과'에서 비롯되었다. » 35

모란 작약과 (봄)

줄기는 회색빛을 띤 갈색이고 가지가 갈라진다. 긴 달걀 모양의 작은 잎이 2번, 3갈래로 갈라진다. 어긋나기 한다. 4~5월에 가지 끝에서 지름 10~20센티미터로 흰색 또는 붉은색 따위의 꽃이 피는데 모양이 작약을 닮았다. 열매는 털이 있고 8~9월에 익는다. 씨앗이 터져도 열매껍질은 가지 끝에 꽃 모양으로 그대로 달려 있다. '부귀화'라고도 한다. '목단'에서 바뀐 이름이다. » 24

모람 뽕나무과 (여름·가을)

줄기는 회색빛을 띤 갈색이다. 줄기에서 공기뿌리를 만들어 바위나 나무줄기에 붙어 덩굴로 자란다. 잎은 긴 타원 모양이며, 끝이 뾰족하고 가장자리는 밋밋하다. 도톰하고 반들거리며 질긴 잎은 어긋나기 한다. 암수딴그루로 7~8월에 잎겨드랑이에서 열매 모양의 둥근 꽃주머니가 달린다. 주머니 속의 꽃은 분홍색이지만 보기 어렵다. 주머니 모양의 열매는 10~12월에 검은빛을 띤 자주색으로 익는다. 이름은 제주도 사투리에서 비롯되었다고 하는데, 그 뜻은 정확하게 알려져 있지 않다. 비슷한 종인 '왕모람'은 잎이 달걀 모양이며, 열매가 모람보다 2배가량 크다. » 246

목련 목련과 (봄)

줄기는 회색이고 매끈하다. 거꾸로 선 달걀 모양의 잎은 끝이 점점 뾰족해지고 어긋나기 한다. 3~4월에 가지 끝에서 잎보다 먼저 흰색 꽃이 핀다. 꽃잎 9장 중에서 바깥쪽 3장은 넓은 선모양이고 안쪽 6장은 달걀 모양이다. 꽃잎 밑부분에 연한 붉은색 줄이 있고 꽃 밑에 어린 잎이 1장 달려 백목련과 구별된다. 열매는 원기둥 모양으로 곧거나 구부러지고 9~10월에 익는다. 이름은 꽃 모양을 연꽃에 빗대어 나무에 피는 연꽃이라는 뜻이다. 우리나라 제주도에서 자생한다. » 104

목서 물푸레나무과 (여름·가을)

줄기는 연한 회색빛을 띤 갈색이다. 긴 타원 모양의 잎은 끝이 날카롭고 뾰족하며, 잎 앞면의 잎맥이 오목하게 들어가 있지만, 뒷면 잎맥은 도드라진다. 마주나기 한다. 암수딴그루로 9~10월에 잎겨드랑이에서 흰색 꽃이 모여 피는데 향기가 매우 좋다. 타원 모양의 열매는 10월에 검은색으로 익는다. 나무껍질의 색과 무늬가 코뿔소(서우)를 닮아 붙인 이름이라고 한다. 비슷한 종으로 조금 붉은빛을 띤 노란색 꽃이 피는 '금목서', 흰색 꽃이 피는 '은목서'가 있다. » 238

무궁화 아욱과 (여름·가을)

줄기는 회색이고 매끈하다. 잎은 달걀 모양이며 끝이 3갈래로 갈라지고 어긋나기 한다. 8~10월에 잎겨드랑이에서 흰색 또는 분홍색 꽃이 아침에 피었다가 저녁 무렵 꽃잎을 말아 닫고 통째로 떨어진다. 열매는 긴 타원 모양으로 10월에 익으며, 5갈래로 갈라진다. 씨앗은 콩팥 모양에 갈색 털이 가장자리를 둘러싸고 있다. 한자 이름 '목근화'에서 무긴화→무깅화→무궁화로 변한 것이라고 한다. 대표적인 품종으로 배달계, 단심계, 아사달계가 있다. » 193

무화과나무 뽕나무과 (여름·가을)

줄기는 회색빛을 띤 흰색 또는 회색빛을 띤 갈색이다. 줄기에 가지를 많이 친다. 넓은 달걀 모양의 잎은 3~5갈래로 깊게 갈라지고, 끝은 둔하며 표면이 거칠다. 어긋나기 한다. 줄기나 잎을 자르면 흰색 액체가 나온다. 봄부터 여름에 걸쳐 잎겨드랑이에서 열매 모양의 녹색 꽃주머니가 달리는데 분홍색 꽃은 속에 들어 있어 볼 수 없다. 거꾸로 선 달걀 모양의 열매는 8~10월에 누런빛을 띤 녹색이거나 검은빛을 띤 자주색으로 익는다. 이름은 꽃이 없는 열매(무화과)라는 뜻의 한자 이름에서 비롯되었다. » 245

무환자나무 무환자나무과 (여름·가을)

줄기는 초록빛을 띤 갈색이며 빗금나다. 잎은 긴 타

원 모양으로 끝이 뾰족하며, 가장자리가 밋밋한 잎 9~13장이 깃털 모양으로 모여 달린다. 어긋나기 한다. 5~6월에 가지 끝에서 누런빛을 띤 흰색 꽃이 원뿔 모양으로 모여 핀다. 열매는 둥글고 10월에 누런빛을 띤 갈색으로 익는다. 열매 속 검은 씨앗으로 염주를 만들며, 옛날에는 열매껍질을 비누 대신 사용했다. 귀신이 무서워하는 나무라 집안에 심으면 재앙을 막아 준다 하여 붙인 이름이다. » 212

물박달나무 자작나무과　(봄)
줄기는 회색이거나 회색빛을 띤 갈색이며, 껍질이 줄기 위까지 얇게 벗겨진다. 잎은 달걀 모양이며 측맥이 6~8쌍이다. 끝이 뾰족하고 가장자리에 불규칙한 톱니가 있다. 어긋나기 한다. 5월에 수꽃은 꼬리 모양으로 가지 끝에서 아래로 늘어진다. 암꽃은 똑바로 서 있다가 열매로 자라며 아래로 늘어진다. 열매는 긴 원기둥 모양이며 9~10월에 갈색으로 익고, 날개가 있다. 박달나무보다 조금 무른 나무라는 뜻으로 '무른박달나무'라고 부르다가 '물박달나무'가 되었다고 하며, 나무 속에 물기가 많아 붙인 이름이라고도 한다. » 61

물싸리 장미과　(여름·가을)
줄기는 회색빛을 띤 갈색이며, 껍질이 세로로 갈라진다. 타원 모양의 작은 잎 3~7장이 깃털 모양으로 어긋나게 달린다. 6~8월에 햇가지나 잎겨드랑이에서 노란색 꽃이 핀다. 열매는 달걀 모양이며 7~월에 익는다. 물가나 습지에서 잘 자라고 잎이 싸리와 닮아 붙인 이름이라고 한다. » 207

물오리나무 자작나무과　(봄)
줄기는 짙은 회색이다. 잎은 둥근 모양이며 끝이 5~8갈래로 갈라지고 측맥이 7~8쌍이다. 가장자리에 겹톱니가 있다. 어긋나기 한다. 3~4월에 잎보다 먼저 꽃이 피며, 누런빛을 띤 갈색 수꽃이 3~5송이씩 꼬리 모양으로 가지 끝에서 아래로 늘어지고 그 밑에 암꽃이 달린다. 열매는 타원 모양으로 3~4개 정도 달리며 9~10월에 붉은 갈색으로 익는다. 이름은 물기가 많은 곳에서 잘 자라는 오리나무라는 뜻이다. » 60

물참대 수국과　(봄)
줄기는 회색빛을 띤 갈색이며, 오래되면 껍질이 세로로 불규칙하게 벗겨진다. 1년생 가지는 붉은빛을 띠며 껍질이 세로로 길게 벗겨진다. 잎은 긴 타원 모양으로 끝이 길게 뾰족하고 마주나기 한다. 말발도리보다 매끈한 느낌을 준다. 5~6월에 가지 끝에서 흰색 꽃이 모여 피고 꽃턱이 녹색이다. 종 모양의 열매는 9~10월에 익는다. 이름은 강원도 사투리에서 비롯되었다고 하는데, 물이 많은 곳에서 자라고 참대(왕대)를 닮아서 붙인 이름이라고 한다. '댕강말발도리'라고도 한다. » 106

물푸레나무 물푸레나무과　(봄)
줄기에 흰색 무늬가 있고 매끈하며, 껍질이 오래되면 세로로 갈라진다. 잎은 달걀 모양이고 가장자리에 물결 모양의 톱니가 있다. 끝이 뾰족한 잎 5~7장이 깃털 모양으로 모여 달린다. 마주나기 한다. 꽃은 암수딴그루이지만 암수한꽃도 섞여 있고, 4~5월에 햇가지 끝이나 잎겨드랑이에서 연한 녹색 꽃이 모여 핀다. 버드나무 잎을 닮은 길쭉한 열매는 9월에 붉은색으로 익으며 날개가 있다. 껍질이나 가지를 물에 담그면 푸른 물이 우러나와 푸르게 된다는 뜻에서 붙인 이름이라고 한다. » 162

미국담쟁이덩굴 포도과　(여름·가을)
줄기는 갈색이고 다른 물체에 붙어서 덩굴로 자란다. 줄기가 변한 덩굴손은 잎과 마주나며, 끝에 빨판처럼 생긴 둥근 모양의 뿌리가 나와 나무나 바위에 잘 붙는다. 넓은 달걀 모양의 작은 잎 5장이 손바닥 모양으로 모여 달린다. 어긋나기 한다. 6~7월에 잎겨드랑이나 짧은 가지 끝에서 누런빛을 띤 녹색 꽃이 모여 핀다. 둥근 열매는 8~10월에 검은색으로 익는다. 작은 잎 5장이 손바닥 모양으로 모여 달린 것이 담쟁이덩굴과 구별된다. » 252

미선나무 물푸레나무과 (봄)

줄기는 회색빛을 띤 갈색이며, 가지는 끝이 아래로 처지고 자줏빛이 돈다. 1년생 가지는 사각형이다. 잎은 달걀 모양이거나 타원 모양으로 끝이 뾰족하다. 마주나기 한다. 3~4월에 잎보다 먼저 개나리꽃을 닮은 흰색, 연한 노란색, 연한 붉은색 꽃이 모여 피고 향기가 있다. 둥근 열매는 부채 모양으로 납작하며 9월에 익는다. 열매가 둥근 부채(미선)를 닮아 붙인 이름이다. 우리나라 고유종이다. » 145

미역줄나무 노박덩굴과 (여름·가을)

줄기는 회색이거나 회색빛을 띤 갈색이며 덩굴로 자란다. 타원 모양의 잎은 끝이 뾰족하고, 가장자리에 둔한 톱니가 있다. 어긋나기 한다. 6~7월에 가지 끝이나 잎겨드랑이에서 흰색이나 누런빛을 띤 녹색 꽃이 원뿔 모양으로 모여 핀다. 열매는 9~10월에 익으며 날개가 3개 있다. 어린순이 미역 줄기처럼 뻗어 자라는 모습에 빗대어 붙인 이름이다. » 227

박달나무 자작나무과 (봄)

줄기는 어두운 회색이고, 오래되면 두꺼운 껍질이 작은 조각으로 떨어진다. 잎은 달걀 모양이며 측맥이 9~10쌍이다. 끝이 뾰족하고 가장자리에 자잘한 톱니가 있다. 어긋나기 한다. 5월에 가지 끝에서 수꽃이 1~5송이씩 꼬리 모양으로 아래로 늘어지고 원기둥 모양의 암꽃은 곧게 선다. 열매는 긴 원기둥 모양으로 9~10월에 갈색으로 익으며 곧게 선다. 이름은 밝음을 뜻하는 '밝'과 높음 또는 산을 뜻하는 '달'을 합친 말로, 밝고 높은 곳에서 자라는 나무라는 뜻이라고 한다. » 60

박쥐나무 층층나무과 (봄)

줄기는 검은빛을 띤 자주색이다. 잎은 달걀 모양이며, 끝이 3~5갈래로 갈라지고 어긋나기 한다. 5~6월에 햇가지의 잎겨드랑이에서 흰색 꽃 1~4송이가 아래를 향해 핀다. 꽃잎이 뒤로 말린다. 열매는 타원 모양이며 9~10월에 푸른빛을 띤 자주색으로 익는다. 잎 모양이 박쥐 날개를 닮아 붙인 이름이다. » 143

박태기나무 콩과 (봄)

줄기는 회색빛을 띤 갈색이고 뿌리에서 여러 대의 줄기가 나와 포기를 이루며 자란다. 잎은 심장 모양이며 반들거린다. 끝이 짧게 뾰족하고 가장자리는 밋밋하다. 어긋나기 한다. 4월에 잎보다 먼저 자줏빛을 띤 붉은색 꽃이 묵은 가지의 잎겨드랑이에서 7~8송이씩 모여 핀다. 기다랗고 납작한 꼬투리 열매는 9~10월에 검은빛을 띤 갈색으로 익는다. 꽃봉오리가 모여 달린 모습이 밥알을 닮아 지방 사투리인 '밥티', '밥태기', '밥티기' 따위에서 비롯된 이름이라고 한다. » 36

밤나무 참나무과 (여름·가을)

줄기는 검은빛을 띤 갈색 또는 검은빛을 띤 회색이며, 껍질이 세로로 불규칙하게 갈라진다. 잎은 긴 타원 모양으로 끝이 뾰족하다. 잎 가장자리에 가시 같은 톱니가 있고 끝부분까지 녹색으로 보인다. 톱니 끝이 투명하게 보이는 상수리나무와 구별된다. 어긋나기 한다. 암수한그루이며, 6월에 햇가지 밑부분의 잎겨드랑이에서 노란빛을 띤 흰색 수꽃이 꼬리 모양으로 달리고 암꽃은 2~3송이씩 모여 달린다. 열매껍질은 날카로운 가시로 둘러싸여 있고, 10월에 열매가 익으면 껍질이 벌어지면서 열매인 밤 1~3개가 드러난다. 나뭇가지에 밤나무혹벌이 만든 붉은색 둥근 혹이 많이 달려 있어 잎이 비슷한 상수리나무와 쉽게 구별된다. 이름은 옛날 식량이 부족하여 나무의 열매를 밥 대신 먹어 '밥이 열리는 나무'에서 비롯되었다거나 꽃이 피면 밤에도 환하게 보여 '밤을 밝혀 주는 나무'에서 비롯되었다고도 한다. » 205

배나무 장미과 (봄)
줄기는 검은빛을 띤 갈색이다. 오래되면 껍질이 불규칙하게 갈라지고 잔가지는 가시 모양이다. 잎은 넓은 달걀 모양으로 끝이 길게 뾰족하다. 가장자리에 바늘 모양의 날카로운 톱니가 있다. 어긋나기 한다. 4~5월에 가지 끝에서 흰색 꽃이 5~10송이씩 둥글게 모여 핀다. 둥근 열매는 9월에 조금 검은빛을 띤 갈색으로 익는다. 이름의 정확한 뜻과 유래는 알 수 없다. » 123

배롱나무 부처꽃과 (여름·가을)
줄기는 붉은빛을 띤 갈색이고 매끈하며, 껍질이 얇게 벗겨진다. 타원 모양의 잎은 도톰하고 가장자리가 매끄럽다. 마주나기 한다. 8~9월에 가지 끝에서 진한 분홍색 꽃이 핀다. 넓은 타원 모양의 열매는 10월에 익으며 6갈래로 갈라진다. 씨앗에 날개가 있다. 주로 붉은빛을 띤 자주색 꽃이 핀다고 하여 '백일홍', 풀인 백일홍과 구별하여 '백일홍나무'라고 부르다가 배기롱나무→배롱나무로 변했다. 꽃이 피는 기간이 길어 '백일홍나무'라고 부르기도 하며, 줄기를 문지르면 나무가 흔들려 간지럼을 타는 듯이 보여 '간지럼나무'라고도 한다. 흰색 꽃이 피는 '흰배롱나무'도 있으며, 줄기가 붉은빛을 띤 갈색에 흰색 꽃이 아래로 늘어지는 '적피배롱나무'도 있다. » 192

백당나무 산분꽃나무과 (봄)
줄기는 회색빛을 띤 갈색이다. 잎은 넓은 달걀 모양으로 3갈래로 갈라지며 끝이 뾰족하다. 마주나기 한다. 5~6월에 가지 끝에서 흰색 꽃이 접시 모양으로 납작하게 모여 핀다. 꽃 가운데에 암술과 수술이 있는 진짜 꽃, 가장자리에는 암술과 수술이 없는 장식 꽃이 있다. 열매는 둥글고 8~9월에 붉은색으로 익는다. 백당나무를 개량한 '불두화'는 주로 절에서 많이 심으며, 장식 꽃만 공 모양으로 모여 피어 열매를 맺지 못한다. 이름 유래에는 여러 의견이 있지만, 흰색(백) 꽃이 마치 흰 엿(당)을 펼쳐 놓은 듯하다는 뜻에서 붙였다고 한다. » 149

백량금 앵초과 (여름·가을)
줄기는 회색빛을 띤 갈색이고, 윗부분에서 가지가 많이 갈라지며 곧게 자란다. 잎은 긴 타원 모양으로 도톰하고 반들거리며 질기다. 잎 가장자리에 물결 모양의 톱니가 있다. 어긋나기 한다. 7~8월에 줄기나 가지 끝에서 흰색 꽃이 우산 모양으로 둥글게 모여 핀다. 둥근 열매는 9월에 붉은색으로 익고, 이듬해 봄까지 그대로 달려 있다. 중국에서 사용하는 한자 이름을 그대로 따왔다. 이름은 오랫동안 달려 있는 붉은 열매가 백냥의 가치가 있다는 뜻이라고 한다. » 236

백리향 꿀풀과 (여름·가을)
줄기는 회색빛을 띤 갈색이다. 옆으로 퍼지면서 가지가 많이 갈라져 땅을 기면서 자란다. 식물 전체에서 향기가 난다. 잎은 타원 모양이거나 긴 타원 모양으로 마주나기 한다. 6~8월에 연한 보라색 꽃이 2~4송이씩 가지 끝부분에서 모여 핀다. 향기가 백 리까지 간다는 뜻에서 붙인 이름이다. » 199

백목련 목련과 (봄)
줄기는 진한 회색이고 매끈하다. 잎은 거꾸로 선 달걀 모양으로 끝부분만 뾰족하며, 어긋나기 한다. 겨울눈에는 회색빛을 띤 흰색 털이 빽빽하다. 3~4월에 잎보다 먼저 가지 끝에서 흰색 꽃이 위를 향해 핀다. 바깥쪽 꽃받침 3장과 안쪽 꽃잎이 6장 모두 넓은 달걀 모양이라 마치 꽃잎이 9장처럼 보인다. 원기둥 모양의 열매는 9~10월에 붉은색으로 익는다. 비슷한 종으로 꽃잎이 백목련보다 꽃잎이 여러 장인 '별목련', 연한 노란색 꽃이 피는 '황목련' 등 여러 품종이 있다. » 105

백송 소나무과 (봄)
줄기는 회색빛을 띤 흰색으로 밋밋하다. 껍질이 큰 비늘처럼 벗겨져 얼룩져 보이고, 오래되면 흰색에 가까운 연한 회색이 된다. 잎은 바늘 모양으로 3장씩 모여 달린다. 4~5월에 노란빛을 띤 갈색 수꽃이 어린 가지 밑부분에 달리고 녹색 암꽃은 어린 가지 끝에 달린다.

달걀 모양의 열매는 이듬해 10월에 갈색으로 익는다. 껍질이 벗겨지면서 흰색을 띠어 붙인 이름이며, '백골송'이라고도 한다. » 168

백정화 꼭두서니과 (봄)
줄기는 갈색이고, 껍질이 얇게 벗겨지며 가지가 많이 난다. 잎은 좁은 타원 모양으로 끝이 뾰족하다. 가장자리가 매끄러우며 마주나기 한다. 5~6월에 잎겨드랑이에서 흰색, 연한 자주색 꽃이 핀다. 잎에 무늬가 있는 품종을 주로 심는다. 꽃 모양에서 붙인 이름으로, 흰색 꽃이 피는 모양을 한자 '丁(정)' 자에 빗대어 붙였다고 한다. » 148

백합나무 목련과 (봄)
줄기는 회색이거나 회색빛을 띤 갈색이며 세로로 얕게 갈라진다. 잎끝이 잘린 것처럼 네모지고, 2~3갈래로 갈라진다. 가장자리가 밋밋하다. 어긋나기 한다. 5~6월에 가지 끝에서 튤립을 닮은 노란빛을 띤 녹색 꽃이 한 송이씩 핀다. 열매는 갈색으로 익으며 술잔처럼 벌어지고, 날개가 달린 씨앗은 바람에 날려 퍼진다. 나무에 백합을 닮은 꽃이 피어 붙인 이름이다. '튤립나무'라고도 한다. » 74

버드나무 버드나무과 (봄)
줄기는 어두운 갈색이며, 껍질이 세로로 갈라지며 곧게 자란다. 1년생 가지는 아래로 처진다. 잎은 좁고 긴 타원 모양이며 양 끝이 뾰족하고 가장자리에 날카로운 톱니가 있다. 어긋나기 한다. 암수딴그루로 3~4월에 지난해 가지의 잎겨드랑이에서 잎과 함께 꽃이 핀다. 열매는 달걀 모양이며 5월에 익는다. 흰색 털이 붙어 있는 씨앗은 바람에 날아다닌다. '버들'은 '쭉 펴다'라는 뜻의 '뻗다, 벋다'에서 비롯된 이름이며, 위를 향해 쭉 뻗어 가는 나무를 뜻한다고 한다. » 55

벚나무 장미과 (봄)
줄기는 짙은 자갈색이다. 껍질이 벗겨지며 껍실눈이 옆으로 길게 있다. 잎은 타원 모양이거나 거꾸로 선 달걀 모양이며 끝이 점차 뾰족해지고 가장자리에 톱니가 있다. 어긋나기 한다. 4~5월에 잎과 함께 연한 분홍색이나 흰색 꽃이 2~3송이씩 모여 피고 꽃자루가 짧다. 암술대, 꽃자루, 씨방에 털이 없다. 열매는 5~7월에 검은 빛을 띤 자주색으로 익는다. 꽃자루가 모인 작은 자루가 가지에 달리면 벚나무이고, 각각의 꽃자루가 가지에 직접 달리면 산벚나무이다. » 118

벽오동(벽오동나무) 아욱과 (여름·가을)
줄기는 푸른빛을 띤 녹색이며 매끈하다. 넓은 달걀 모양의 큰 잎은 끝이 3~5갈래로 갈라진다. 잎자루가 15~35센티미터로 길다. 어긋나기 하는데 가지 끝에서 모여 난 것처럼 보인다. 6~7월에 가지 끝에서 노란색 암꽃과 수꽃이 원뿔 모양으로 모여 핀다. 열매는 9~10월에 손바닥 모양으로 5개가 모여 달리고 익기 전에 벌어진다. 씨앗은 완두콩 모양이며 먹을 수 있다. 씨앗이 마르면 쭈글쭈글해진다. 잎이 오동나무와 비슷하게 생겼고 나무껍질이 푸른빛(벽)을 띠어 붙인 이름이다. » 216

병꽃나무 인동과 (봄)
우리나라 고유종이다. 줄기는 회색빛을 띤 갈색이며 껍질눈이 뚜렷하다. 어린 가지는 녹색이다. 밑에서부터 많은 줄기가 나와 큰 포기를 이룬다. 잎은 거꾸로 선 달걀 모양이거나 넓은 달걀 모양이며 마주나기 한다. 4월에 잎겨드랑이에서 연한 노란색 꽃이 피다가 붉은색으로 변한다. 꽃받침은 5장으로 깊게 갈라지며 털이 빽빽하다. 열매는 작고 길쭉하며 9~10월에 익는다. 꽃이 병 모양을 닮아 붙인 이름이다. 붉은색 꽃이 피는 '붉은병꽃나무'도 있다. » 100

병솔나무 도금양과 (여름·가을)
줄기는 회색이며, 오래되면 껍질이 세로로 갈라진다. 도톰하고 반들반들한 잎은 가늘고 길며 끝이 뾰족하다. 어긋나기 한다. 5~8월에 가지 끝에서 붉은색 꽃이 솔 모양으로 모여 핀다. 열매가 2~3년 동안 달려 있기도 한다. 꽃의 긴 수술이 병을 닦을 때 사용하는 솔을 닮아 붙인 이름이다. » 193

병아리꽃나무 장미과 (봄)
가느다란 가지가 많이 나오며 어린 가지는 녹색이거나 노란빛을 띤 녹색이다. 잎은 달걀 모양이거나 긴 달걀 모양이며, 끝이 길게 뾰족하고 주름이 져 보인다. 마주나기 한다. 4~5월에 햇가지 끝에서 흰색 꽃이 한 송이씩 핀다. 열매는 타원 모양으로 4개씩 모여 달리고 9월에 검은색으로 익는다. 흰색 꽃이 병아리처럼 귀여워 붙인 이름이다. » 111

병조희풀 미나리아재비과 (여름·가을)
줄기는 갈색이며, 껍질이 세로로 갈라진다. 줄기 밑부분은 나무가 되고, 윗부분은 말라 죽는다. 잎은 두툼하고 넓은 달걀 모양으로 끝이 얕게 3갈래로 갈라진다. 작은 잎 3장이 모여 달리며, 마주나기 한다. 7~9월에 잎겨드랑이에서 푸른빛을 띤 자주색 꽃이 아래를 보고 피며, 꽃잎은 뒤로 젖혀지고 겉에 털이 있다. 타원 모양의 열매에 암술대가 실 모양으로 남아 있다. 꽃 모양이 병 모양을 닮은 조희풀이라는 뜻에서 비롯되었다. 조희풀은 종이를 닮은 풀이라는 뜻이라고 하며, 모란(목단)을 닮아 '목단풀'로 부르기도 했다. 비슷한 종 '자주조희풀'은 병조희풀보다 아래쪽이 볼록하지 않으며 꽃잎의 갈래가 넓고 길다. » 184

보리밥나무 보리수나무과 (여름·가을)
줄기는 회색빛을 띤 갈색이며, 오래되면 껍질이 불규칙하게 갈라진다. 덩굴로 자라며 어린 가지에는 은색과 갈색 털이 있다. 둥근 모양 또는 넓은 달걀 모양의 잎은 가장자리가 매끄러우며, 잎 뒷면은 은빛을 띤 흰색 비늘털로 덮여 있다. 어긋나기 한다. 8~10월에 잎겨드랑이에서 은빛을 띤 흰색 꽃이 1~3송이씩 모여 핀다. 열매는 타원 모양이며, 이듬해 2~3월에 붉은색으로 익고 먹을 수 있다. 열매가 보리로 지은 밥처럼 보인다

는 뜻에서 붙인 이름이라고 한다. 비슷한 종으로는 잎이 긴 타원 모양에 잎자루와 잎 뒷면이 갈색 비늘털로 덮인 '보리장나무'가 있다. » 233

보리수나무 보리수나무과 (봄)
줄기는 검은빛을 띤 회색이며, 1년생 가지는 은빛을 띤 흰색이거나 갈색이다. 가지에 날카로운 가시가 있다. 잎은 타원 모양이거나 긴 타원 모양이다. 앞면은 은색 비늘털로 덮여 있고 뒷면은 은빛이 나는 흰색 비늘털이 빽빽하다. 어긋나기 한다. 5~6월에 햇가지의 잎겨드랑이에서 흰색 꽃이 1~5송이씩 모여 피는데 차츰 연한 노란색으로 변한다. 뜰보리수보다 꽃이 많이 달리고 꽃자루가 짧다. 둥근 열매는 10월에 붉은색으로 익으며 비늘털이 남아 있다. 뜰보리수보다 크기가 작다. 씨앗이 보리 모양을 닮은 것에서 붙인 이름이라고 한다. » 137

복분자딸기 장미과 (봄)
줄기가 자주색이거나 붉은색에 가시가 있으며, 새로 난 가지에는 하얀 가루가 덮여 있다. 가지 끝이 휘어져 땅에 닿으면 바로 뿌리가 내린다. 잎은 달걀 모양이거나 타원 모양이다. 작은 잎 5~7장이 깃털 모양으로 달린 잎자루에 가시가 있다. 어긋나기 한다. 5~6월에 가지 끝에서 연한 분홍색 꽃이 모여 핀다. 열매는 둥글고 붉은색으로 익지만 차츰 검은색으로 변한다. 열매를 '복분자'라고 부르는 것에서 비롯된 이름이라고 한다. » 28

복사나무 장미과 (봄)
줄기는 붉은빛을 띤 갈색이며, 껍질이 세로로 갈라진다. 가느다란 가지는 햇빛이 닿는 쪽은 자주색, 반대쪽은 초록색을 띤다. 좁고 긴 타원 모양의 잎은 끝이 길게 뾰족하며 가장자리에 자잘한 톱니가 있다. 어긋나기 한다. 4~5월에 잎보다 먼저 연한 분홍색 꽃이 핀다. 열매는 둥근 모양으로 겉면에 털이 있으며 7~9월에 익는다. 이름은 '복성화'에서 비롯되었으며

'복숭아'가 '복사'로, 나무가 더해져서 '복사나무'가 되었다. 주로 '복숭아나무'라고 한다. 비슷한 종으로 열매에 털이 없는 '천도복숭아', 꽃이 겹꽃인 '만첩백도', '만첩홍도', 가지가 아래로 처지는 '수양복숭아나무' 따위가 있다. » 33

복자기 무환자나무과 (봄)

줄기는 회색빛을 띤 흰색이고, 껍질이 세로로 갈라지며 벗겨진다. 긴 타원 모양으로 끝이 뾰족하고 가장자리에 톱니가 2~4개 있는 작은 잎 3장이 모여 달린다. 마주나기 한다. 5월에 털이 보송보송한 새잎과 함께 가지 끝에서 초록빛을 띤 노란색 꽃이 3송이씩 피고 꽃자루에도 갈색 털이 있다. 열매는 타원 모양이며 9~10월에 익는다. 날개가 있는 열매 2개가 마주 달리는데 90도보다 좁거나 넓게 벌어지고, 겉에 털이 빽빽하다. 단풍나무 종류 가운데 단풍이 가장 진하고 아름다워 여러 나라에서 많이 심는다. 이름은 새잎이나 잎자루에 털이 있고 열매에 털이 빽빽한 것에 빗대어 털이 보송하게 난 노루(사슴)를 뜻하는 '복쟉이' 또는 '복장이'라고 붙인 이름이 바뀌었다고 한다. » 92

부들레야 현삼과 (여름·가을)

줄기는 연한 갈색이며, 오래되면 껍질이 세로로 갈라진다. 잎은 가늘고 길며 끝이 뾰족하다. 잎 뒷면에 흰색 솜털이 촘촘하게 나와 흰색으로 보인다. 7~9월에 가지 끝에서 원뿔 모양으로 작은 꽃이 촘촘하게 달린다. 붉은색, 노란색, 흰색, 연한 자주색 꽃이 아래쪽에서 위쪽 순서로 핀다. 독성이 있다. » 194

분꽃나무 산분꽃나무과 (봄)

줄기는 회색빛을 띤 갈색이다. 잎은 넓은 달걀 모양으로 가장자리에 불규칙한 톱니가 있고 거칠다. 마주나기 한다. 4~5월에 가지 끝에서 흰색, 연한 붉은빛을 띤 꽃이 둥글게 모여 핀다. 열매는 둥근 달걀 모양이며 10~11월에 붉은색에서 검은색으로 익는다. 꽃 모양이 분꽃을 닮아 붙인 이름이다. » 148

붉나무 옻나무과 (여름·가을)

줄기는 회색, 회색빛을 띤 갈색이며 껍질눈이 있다. 잎은 달걀 모양으로 끝이 길게 뾰족하며 가장자리에 톱니가 있다. 작은 잎 7~13장이 깃털 모양으로 모여 달린다. 잎자루에 날개가 있다. 어긋나기 한다. 암수딴그루로 7~9월에 가지 끝에서 흰색 꽃이 원뿔 모양으로 모여 핀다. 열매는 둥글납작하고 8~11월에 붉은색으로 익으며, 열매껍질에 신맛과 짠맛이 나는 하얀 가루가 생겨서 소금 대신으로 쓰였다. 잎에 오배자진딧물이 기생하여 만든 벌레혹인 '오배자'는 한약재나 염료로 사용하며 '오배자나무'라 부르기도 한다. 가을에 잎이 붉게 물들어 붙인 이름이다. » 211

붉은병꽃나무 인동과 (봄)

줄기는 회색이거나 회색빛을 띤 갈색이다. 뿌리에서 줄기가 많이 올라온다. 잎은 넓은 타원 모양이며, 끝이 길게 뾰족하다. 가장자리에 자잘한 톱니가 있으며, 마주나기 한다. 5~6월에 잎겨드랑이에서 나팔 모양의 붉은색 꽃이 1~3송이씩 고개를 숙이고 모여 핀다. 꽃받침은 5장으로 깊게 갈라진다. 열매는 원기둥 모양으로 9월에 익는다. 꽃 모양이 병을 닮아 붙인 이름이다. 비슷한 종으로는 우리나라 고유종인 '병꽃나무'와 병처럼 생긴 꽃의 빛깔이 세 가지로 바뀌는 '삼색병꽃나무', 일본이 원산인 '일본병꽃나무', '일본삼색병꽃나무' 그리고 여러 원예 품종이 있다. » 53

붓순나무 붓순나무과 (봄)

줄기는 회색빛을 띤 갈색이다. 껍질이 세로로 얇게 갈라지며, 독특한 향기가 난다. 잎은 긴 타원 모양으로 반들거리고, 끝이 약간 뾰족하다. 어긋나기 한다. 3~4월에 가지 옆에서 초록빛을 띤 흰색 꽃이 피며 향기가 좋다. 열매는 9월에 익는데 바람개비 모양으로 씨앗이 하나씩 들어 있다. 붓순나무는 중국에서 향신료로 쓰이는 '팔각'과는 다른 식물로 독성이 있어 먹을 수 없다. 새순이 돋아나는 모양이 붓처럼 보여 붙인 이름이다. » 75

블루베리 진달래과 (봄)

4월에 종 모양의 흰색 꽃이 아래를 보고 핀다. 둥근 열매는 6~8월에 짙은 보라색으로 익으며 하얀 가루로 덮여 있다. 미국에서 블루베리를 많이 생산하며, 세계적으로도 많은 품종이 재배되고 있다. 이름은 '푸른빛의 열매'라는 뜻이다. » 129

비목나무 녹나무과 (봄)

줄기는 연한 회색빛을 띤 갈색이고 껍질눈이 많다. 오래된 줄기는 껍질이 비늘 모양으로 벗겨진다. 잎은 긴 타원 모양으로 반들거리고 양 끝이 뾰족하다. 어긋나기 한다. 가을에 잎이 노란색으로 단풍이 든다. 잎을 비비면 독특한 향기가 난다. 암수딴그루로 4~5월에 잎보다 먼저 햇가지의 잎겨드랑이에서 노란색 꽃이 우산 모양으로 둥글게 모여 핀다. 열매는 둥글며 8~10월에 붉은색으로 익는다. 이름은 껍질이 흐릿한 흰색을 띠는 것에 빗댄 '백목'에서 비롯되었다고 한다. » 77

비술나무 느릅나무과 (봄)

줄기는 검은빛을 띤 회색이며, 껍질이 조각조각 갈라진다. 줄기에 상처가 나면 수액이 흘러내리고, 수액이 마른 자국이 하얗게 보인다. 잎은 타원 모양이거나 긴 타원 모양으로 끝이 뾰족하다. 측맥이 10~17쌍이며 어긋나기 한다. 3월에 잎보다 먼저 잎겨드랑이에서 연둣빛 꽃덮개에 꽃잎은 없고 자줏빛을 띤 꽃밥만 달린 꽃 여러 송이가 모여 핀다. 둥글고 납작한 열매에는 날개가 있다. 씨앗은 가운데에 있고, 5~6월에 익는다. 열매 모양이 닭 볏(지방 사투리로 비슬)을 닮아 '비슬나무'로 불리던 것이 변했다고 한다. 느릅나무보다 잎이 작고 폭은 좁지만 열매가 크다. » 153

비자나무 주목과 (봄)

줄기는 회색빛을 띤 흰색이거나 회색빛을 띤 갈색이며, 껍질이 세로로 갈라진다. 납작하고 끝이 뾰족한 침처럼 생긴 잎이 깃털 모양으로 2줄씩 마주 달린다. 잎 뒷면에 흰색 숨구멍이 2줄 있다. 암수딴그루로 4월에 가지 끝에서 달걀 모양의 연한 노란색 수꽃이, 암꽃은 어린 가지 아랫부분에서 핀다. 열매는 타원 모양으로 이듬해 9~10월에 붉은빛을 띤 자주색으로 익는다. 비슷한 종 '개비자나무'는 잎이 부드럽고, 비자나무는 잎이 납작하고 끝은 침처럼 날카로워서 구별된다. 이름은 한자 이름 '비자목'에서 비롯되었으며, 비는 아름다운 광채가 난다는 뜻이다. » 165

비파나무 장미과 (여름·가을)

줄기는 회색빛을 띤 갈색 또는 회색빛을 띤 흰색이다. 잎은 긴 타원 모양이다. 잎 가장자리에 이빨 모양의 톱니가 드문드문 나 있고, 도톰하며 반들거린다. 잎 뒷면에 갈색 털이 있다. 어긋나기 한다. 10~11월에 가지 끝에서 흰색 꽃이 원뿔 모양으로 모여 핀다. 둥근 열매는 이듬해 5~6월에 살구색으로 익으며 먹을 수 있다. 중국에서 잎이 악기인 비파를 닮아 붙인 이름을 그대로 따왔다. » 222

빈도리 수국과 (봄)

줄기는 회색빛을 띤 갈색이며, 껍질이 세로로 갈라진다. 잎은 달걀 모양이거나 타원 모양으로 끝이 뾰족하고 가장자리에 톱니가 있다. 마주나기 한다. 6월에 가지 끝에서 흰색 꽃이 모여 핀다. 열매는 털이 빽빽하고 암술대가 남아 있다. 겹꽃이 피는 '만첩빈도리'는 꽃이 풍성하고 아름다워 공원에 많이 심는다. 줄기 속은 비어 있고 꽃이 말발도리와 비슷해서 붙인 이름이다. '일본말발도리'라고도 한다. » 108

뽕나무 뽕나무과 (봄)

줄기는 회갈색이다. 잎은 달걀 모양이거나 넓은 달걀 모양으로 끝이 둔하거나 뾰족하다. 3~5갈래로 갈라지며, 어긋나기 한다. 어린 가지나 잎을 자르면 우윳빛 액체가 나온다. 암수딴그루로 5월에 암꽃은 타원형으로 피며 암술대가 짧고 머리만 2갈래로 갈라진다. 수꽃은 햇가지의 잎겨드랑이에서 꼬리 모양으로 피면서 아래로 처진다. 열매는 타원 모양이며 6~7월에 검은색으로 익는다. 열매를 맺을 때 암술대가 떨어져 나가 돌기가 없으며, 열매는 '오디'라고 하며 먹을 수 있다. 비슷한 종으로 산에서 자라며 잎끝이 꼬리처럼 길게 늘어지고 열매의 암술대가 길며 2갈래인 '산뽕나무' 따위가 있다. 열매를 먹으면 소화가 잘되어 방귀가 뽕뽕 나오는 것에서, 또 줄기와 누에고치가 뽀얘서 붙인 이름이라고 한다. » 155

사스레피나무 차나무과 〔봄〕

줄기는 회색빛을 띤 갈색이며 어린 가지는 연한 녹색이다. 타원 모양으로 끝이 뾰족한 잎은 도톰하고 반들거리며 질기다. 잎 가장자리에 위를 향해 둔한 톱니가 있다. 어긋나기 한다. 암수딴그루로 4월에 지난해 가지의 잎겨드랑이에서 흰색 꽃 1~2송이가 아래를 보고 핀다. 열매는 둥글고 8~9월에 검은빛을 띤 자주색으로 익는다. 꽃이나 열매가 달린 흔적이 지저분하고, 키가 작아 큰 나무의 잎 따위가 가지에 걸려 있어 어수선해 보인다는 뜻의 제주도 사투리 '사스람하다'에서 비롯된 이름이라고 한다. » 136

사과나무 장미과 〔봄〕

줄기는 검은빛을 띤 갈색이다. 잎은 타원 모양이거나 달걀 모양으로 끝이 뾰족하고 가장자리에 둔한 톱니가 있다. 어긋나기 한다. 4~5월에 흰색 꽃이 5~7송이씩 가지 끝의 잎겨드랑이에서 모여 핀다. 둥근 열매는 8~9월에 붉은색으로 익는다. 사과를 자르면 표면이 약간 오돌토돌한 것을 모래에 빗대어 붙인 한자 이름 '사과'에서 비롯되었으며, 품종이 여럿 있고 품종에 따라 색과 맛이 다르다. » 126

사방오리 자작나무과 〔봄〕

줄기는 회색빛을 띤 갈색이고, 오래된 줄기는 껍질이 작은 조각으로 갈라져서 떨어져 나간다. 잎은 좁은 달걀 모양이고 측맥이 13~17쌍이다. 끝이 뾰족하고 가장자리에 불규칙하고 자잘한 겹톱니가 있다. 어긋나기 한다. 3~4월에 잎과 함께 꽃이 피며, 연한 노란색 수꽃이 3~6송이씩 가지 끝에서 아래로 늘어지고 그 밑에 암꽃이 달린다. 열매는 좁은 타원 모양이며, 10월에 엷은 검은빛을 띤 갈색으로 익는다. 이름은 흙이 무너지는 것을 막는 '사방'에 쓰이는 나무라는 뜻이다. » 59

사위질빵 미나리아재비과 〔여름·가을〕

줄기는 연한 갈색이며, 껍질이 세로로 불규칙하게 골이 진다. 잎은 달걀 모양이며 끝이 2~3갈래로 갈라지고 3장씩 모여 달린다. 마주나기 한다. 7~9월에 잎겨드랑이에서 흰색 꽃이 원뿔 모양으로 모여 핀다. 열매는 9~10월에 익으며, 씨앗에 암술대가 변한 실 모양의 털이 달린다. 이름은 사위를 고생시키지 않으려고 장모가 잘 끊어지는 이 식물의 줄기로 사위의 짐을 묶게 했다는 이야기에서 비롯되었다. 질빵은 짐을 질 때 쓰이는 멜빵 또는 그와 비슷한 줄이라는 뜻이다. 비슷한 종으로는 사위질빵보다 큰 꽃이 6월에 피는 우리나라 고유종 '할미밀망'이 있다. 사위질빵보다 만나기 어렵다. » 219

사철나무 노박덩굴과 〔여름·가을〕

줄기는 검은빛을 띤 갈색이며, 새로 난 가지는 녹색이다. 잎은 타원 모양 또는 달걀 모양이며, 가장자리에 둔한 톱니가 있다. 잎이 두껍고 반들거리며 질기다. 마주나기 한다. 6~7월에 잎겨드랑이에서 누런빛을 띤 녹색 꽃이 7~15송이씩 모여 핀다. 둥근 열매는 10월에 익으며, 4갈래로 갈라진다. 사계절 내내 푸르러 붙인 이름이다. 잎 가장자리에 흰색 얼룩점이 있는 '흰점사철', 잎 주위에 흰색 테가 있는 '은테사철', 잎에 노란색 얼룩점이 있는 '금반사철', 잎 가장자리가 노란색인 '금테사철' 따위의 여러 원예 품종이 있다. » 248

산검양옻나무 옻나무과 (봄)

줄기는 갈색이거나 회색빛을 띤 갈색이다. 잎은 긴 타원 모양이거나 달걀 모양에 끝이 길게 뾰족하다. 가장자리가 밋밋한 작은 잎 7~15장이 깃털 모양으로 모여 달린다. 잎자루가 붉은색이며 잎 앞뒷면과 함께 노란빛을 띤 갈색 털이 있다. 어긋나기 한다. 가을에 붉은색으로 단풍이 든다. 가지나 잎을 자르면 흰색 즙이 나온다. 5~6월에 줄기 끝의 잎겨드랑이에서 초록빛을 띤 노란색 작은 꽃이 원뿔 모양으로 모여 핀다. 열매는 둥글납작하고 9~11월에 누런빛을 띤 갈색으로 익으며 털이 없다. 독성이 있다. 남부 지방에서 주로 자라는 '검양옻나무'도 있다. 이름은 산에서 자라는 검양옻나무라는 뜻으로, 검양은 아주 짙은 검붉은색을 뜻하는 '거멍'에서 비롯되었다고 한다. » 87

산딸기 장미과 (봄)

줄기는 붉은빛을 띤 갈색이며 가시가 많고, 뿌리에서 많은 가지가 나와 무리를 이루어 자란다. 잎은 넓은 달걀 모양이다. 손바닥 모양으로 3~5갈래로 갈라지거나 또는 갈라지지 않으며, 끝이 뾰족하다. 잎 뒷면에 가시가 있고 어긋나기 한다. 5~6월에 가지 끝에서 흰색 꽃이 3~4송이씩 모여 핀다. 열매는 둥글고 7~8월에 붉은색으로 익는다. 이름은 산에서 자라는 딸기라는 뜻이다. » 113

산딸나무 층층나무과 (봄)

줄기는 검은빛을 띤 갈색이고 오래되면 껍질이 불규칙하게 벗겨진다. 잎은 달걀 모양으로 끝이 뾰족하다. 가장자리가 물결 모양이며, 측맥이 4~5쌍이며 뚜렷하다. 마주나기 한다. 6월에 가지 끝에서 꽃잎처럼 보이는 흰색 꽃싸개 4장 안에 작은 꽃 20~30송이가 공 모양으로 뭉쳐 핀다. 꽃싸개는 잎이 변한 것으로 시간이 지나면 끝이 연한 녹색에서 흰색 또는 붉은색으로 변한다. 열매는 9~10월에 붉은색으로 익으며 먹을 수 있다. 붉게 익은 열매가 산딸기와 닮아 붙인 이름이다. 비슷한 종으로 북아메리카 원산에 꽃싸개 끝이 오목하게 파인 '꽃산딸나무', '붉은꽃산딸나무'가 있다. » 139

산사나무 장미과 (봄)

줄기는 회색을 띠며 어린 가지에 뾰족한 가시가 있다. 달걀 모양이거나 넓은 달걀 모양의 잎은 가장자리가 3~5갈래로 갈라지고 끝이 뾰족하다. 어긋나기 한다. 4~5월에 잎이 난 뒤 가지 끝에서 흰색 또는 분홍색 꽃이 모여 핀다. 둥근 열매는 9~10월에 붉은색으로 익는데 끝에 꽃받침이 남아 있고 흰색 점들이 있다. 이름은 한자 이름 '산사수'에서 비롯되었다. 산사나무의 옛 이름은 '아가(아기)'와 '외(오이)'를 합친 '아가외나무'로 둥근 열매가 아기처럼 작다는 뜻이라고 한다. 미국이 원산으로 줄기에 날카로운 가시가 있는 '미국산사나무', 갈라진 잎의 끝이 둥글고 열매가 많이 달리는 '서양산사나무'가 있다. » 121

산수국 수국과 (여름·가을)

줄기는 회색빛을 띤 갈색이고, 껍질이 세로로 갈라진다. 잎은 타원 모양이거나 달걀 모양으로 끝이 꼬리처럼 길게 뾰족하다. 마주나기 한다. 7~8월에 분홍색 또는 파란색 꽃이 줄기 끝에서 접시 모양으로 모여 핀다. 가운데 꽃차례에는 암술과 수술이 있어 열매 맺는 꽃이 달리고, 그 주변으로 꽃잎처럼 보이는 분홍색 또는 하늘색 꽃받침(장식 꽃)이 달린다. 열매는 달걀 모양이며 10~11월에 익는다. 이름은 산에서 자라는 수국이라는 뜻이다. » 185

산수유 층층나무과 (봄)

줄기는 연한 갈색이며, 껍질이 여러 조각으로 벗겨진다. 잎은 달걀 모양으로 끝이 뾰족하고 가장자리는 밋밋하며 측맥이 4~7쌍이다. 잎 뒷면의 잎맥 사이에 갈색 털이 빽빽하다. 마주나기 한다. 3~4월에 잎보다 먼저 노란색 꽃 여러 송이가 둥글게 모여 핀다. 열매는 타원 모양으로 모여 달리고, 9~11월에 붉은색으로 익으며 봄까지 달려 있다. 생강나무보다 꽃자루가 길고 나무껍질이 벗겨지며, 잎의 모양이 다르다. 이름은 산에서 자라는 '수유(붉은색 열매)'라는 뜻의 한자 이름을 그대로 따왔지만, 주로 집 근처에 심어 기른다. » 95

산옥매 장미과 (봄)

줄기는 회색빛을 띤 갈색이다. 잎은 긴 타원 모양으로 끝이 뾰족하고 가장자리에 둔한 물결 모양의 자잘한 톱니가 있다. 어긋나기 한다. 5월에 잎과 함께 꽃이 피거나 꽃이 먼저 피며, 꽃색은 흰색이거나 연한 붉은색이다. 열매는 둥근 모양으로 6~8월에 익는다. 이스라지보다 꽃자루가 짧으며 잎 모양이 좁고 길쭉하다. 이름은 꽃이 피는 모습이 구슬(옥)처럼 아름답고, 매화를 닮았다는 뜻이다. » 31

산철쭉 진달래과 (봄)

줄기는 회색이고 매끈하다. 잎은 좁고 긴 타원 모양이며, 끝이 뾰족하고 가장자리는 밋밋하다. 어긋나기로 가지 끝에서 모여난다. 꽃봉오리와 꽃받침이 끈적끈적하다. 4~5월에 잎과 함께 가지 끝에서 연한 자주색 꽃이 2~3송이씩 모여 핀다. 꽃에 독성이 있다. 열매는 달걀 모양으로 9월에 익으며 긴 털이 있다. 흰색 꽃이 피는 것을 '흰산철쭉', 겹꽃이 피는 것을 '겹산철쭉'이라 한다. 산에서 피는 철쭉이라 '산철쭉'이라 하며 물가 근처에서 잘 자라 '물철쭉', '수달래'라고도 한다. » 50

산초나무 운향과 (여름·가을)

줄기는 회색빛을 띤 갈색이며, 껍질이 변한 가시가 어긋나게 난다. 잎은 타원 모양이며, 가장자리에 자잘한 톱니가 있는 작은 잎 13~21장이 깃털 모양으로 모여 달린다. 어긋나기 한다. 암수딴그루로 8~9월에 가지 끝에서 연한 녹색 꽃이 모여 핀다. 둥근 모양의 열매는 9~10월에 붉은색에서 갈색으로 익으며, 이때 껍질이 3갈래로 갈라지면서 반짝이는 검은색 씨앗이 드러난다. 잎과 열매에 향기가 있어 요리에 쓰이며 씨앗으로 기름을 짠다. 초피나무와 비슷하지만 가시가 어긋나게 달리고 꽃이 여름에 핀다. 이름은 산에서 잘 자라고, 열매껍질에서 향기(초)가 나는 나무라는 뜻이다. » 210

산호수 앵초과 (여름·가을)

줄기는 갈색이고, 줄기 전체에 갈색 털이 빽빽하게 덮여 있다. 땅속줄기 끝이 위로 올라와 기는줄기로 자란다. 잎은 타원 모양 또는 달걀 모양이며, 거칠고 반들거린다. 가장자리에 자잘한 톱니가 드물게 있고 양면에 붉은빛을 띤 갈색 털이 있다. 잎은 마주나기 하거나 3~5장이 돌려나기 한다. 6월에 잎겨드랑이에서 흰색 꽃이 우산 모양으로 둥글게 모여 핀다. 둥근 열매는 9월에 붉은색으로 익는다. 자금우보다 잎과 줄기에 털이 많다. 땅을 기면서 옆으로 길게 뻗어 나가는 줄기가 산호의 가지처럼 자라서 붙인 이름이라고 하며, 산호수의 열매가 붉은색 산호를 닮아 붙인 이름이라고도 한다. » 237

살구나무 장미과 (봄)

줄기는 회색빛을 띤 갈색이고 세로로 갈라지며, 햇가지는 붉은빛을 띤 갈색이다. 넓적한 달걀 모양의 잎은 끝이 길게 뾰족하며 가장자리에 불규칙한 톱니가 있다. 어긋나기 한다. 4월에 잎보다 먼저 피는 연한 분홍색 꽃에는 꽃자루가 거의 없으며 꽃받침이 뒤로 젖혀진다. 열매는 둥글고 겉면에 털이 있으며 6~7월에 연한 노란빛을 띤 분홍색으로 익는다. 씨앗은 납작하다. 이름은 피부와 같이 고운 열매가 달린다는 뜻의 '살고'에서 비롯되었다고 한다. » 32

삼나무 측백나무과 (봄)

줄기는 붉은빛을 갈색이며, 껍질이 세로로 길게 갈라진다. 가지가 많이 나온다. 잎은 바늘 모양이며 단면은 사각형이다. 나사 모양으로 돌려나고 끝이 뾰족하며 단단하다. 잎 옆면 양쪽에 숨구멍이 몇 줄 있다. 3~4월에 녹색의 암꽃과 연한 갈색의 수꽃이 가지 끝에서 핀다. 열매는 둥글고 10~11월에 갈색으로 익는다. 제주도에 삼나무 숲이 여러 곳이 있으며, 감귤나무 과수원의 바람막이숲(방풍림)으로도 심는다. » 178

삼지닥나무 팥꽃나무과 (봄)

줄기는 회색빛을 띤 녹색이며, 가지가 3갈래로 갈라진

다. 좁고 긴 잎은 끝이 뾰족하고 가장자리가 밋밋하다. 뒷면에 털이 있어 흰빛이 돈다. 어긋나기 한다. 가을에 낙엽이 질 무렵 가지 끝에서 꽃봉오리가 1~2송이 맺히고, 4월에 잎보다 먼저 노란색 꽃이 가지 끝에서 둥글게 모여 핀다. 달걀 모양의 작은 열매는 6월에 익는다. 가지가 3갈래로 갈라지고, 껍질은 닥나무처럼 종이를 만드는 데 쓰여 붙인 이름이다. » 93

상수리나무 참나무과 (봄)
줄기는 회색빛을 띤 갈색이거나 검은빛을 띤 회색이며, 껍질이 세로로 불규칙하게 갈라진다. 굴참나무와 비슷하지만 껍질이 두껍지 않다. 잎은 긴 타원 모양으로 반들거리고 끝이 점점 뾰족해진다. 가장자리에 가시 모양의 날카로운 톱니가 있다. 어긋나기 한다. 5월에 잎과 함께 꽃이 핀다. 노란색 수꽃 이삭이 아래로 늘어지고 햇가지의 잎겨드랑이에서 암꽃이 달린다. 꽃이 핀 이듬해 9~10월에 둥근 모양의 열매가 익는다. 참나무 무리의 열매를 '도토리'라고 하며, 가시 모양의 비늘 조각이 뒤로 젖힌 깍정이가 도토리의 3분의 2가량을 감싼다. 한자 이름 '상실'에서 '이(접미사)'와 '나무'가 합쳐져 '샹실이나무→샹슈리나무→상수리나무'로 바뀌었다고 한다. » 65

새머루 포도과 (여름·가을)
줄기는 붉은빛을 띤 갈색이며, 껍질이 세로로 갈라지면서 얇게 벗겨진다. 덩굴손으로 주변의 물체를 감고 올라가며 덩굴로 자란다. 잎은 둥근 달걀 모양 또는 삼각형의 달걀 모양이며, 끝이 길게 뾰족하고 가장자리에 이빨 모양의 톱니가 있다. 어긋나기 한다. 5~6월에 잎과 마주 달리는 꽃자루에서 누런빛을 띤 녹색 꽃이 원뿔 모양으로 모여 핀다. 둥근 열매는 송이를 이루고 8~10월에 검은색으로 익는다. 맛이 머루나 왕머루보다 못하다는 뜻에서 비롯된 이름이라고 한다. » 251

생강나무 녹나무과 (봄)
줄기는 검은빛을 띤 회색이고 햇가지는 누런빛을 띤 녹색이다. 잎은 넓은 달걀 모양으로 끝이 3갈래로 갈라지며, 가장자리가 밋밋하다. 어긋나기 한다. 암수딴그루로 3~5월에 잎보다 먼저 노란색 꽃이 모여 핀다. 열매는 둥글고 9~10월에 검은색으로 익는다. 강원도에서는 이 열매로 기름을 짜서 머릿기름으로 사용해서 '동백나무'라고 불렀다. 가지나 잎을 자르면 생강 냄새가 나서 붙인 이름이다. » 76

서양측백나무 측백나무과 (봄)
줄기는 회색빛을 띤 흰색이며, 껍질이 세로로 갈라진다. 나무가 원뿔 모양으로 자란다. 잎은 달걀 모양이며 끝이 뾰족하고 비늘 모양으로 겹쳐난다. 앞면은 녹색이고 뒷면은 노란빛을 띤 녹색이다. 4~5월에 가지 끝에서 달걀 모양의 암꽃과 둥근 공 모양의 수꽃이 같은 가지에서 핀다. 열매는 달걀 모양 또는 타원 모양이며 10~11월에 누런빛을 띤 갈색으로 익는다. 씨앗 양쪽에 좁은 날개가 있다. 서양에서 들어왔으며 측백나무를 닮아 붙인 이름이다. » 180

서어나무 자작나무과 (봄)
줄기는 회색이고 울퉁불퉁하다. 잎은 달걀 모양으로 측맥이 10~12쌍이다. 끝이 꼬리처럼 길게 뾰족하고 가장자리에 날카로운 겹톱니가 있다. 어긋나기 한다. 4~5월에 잎보다 먼저 꽃이 핀다. 수꽃은 가지 끝에서, 암꽃은 햇가지 끝에서 아래를 향해 달린다. 열매는 원기둥 모양으로 10월에 익고 길이가 5~10센티미터이며, 아래로 늘어진다. 씨가 열매 싸개에 붙어 있다. 열매 싸개 조각의 양쪽에 톱니가 있다. 한자 이름 '서목'에서 '서나무', '서어나무'로 바뀌었다. 비슷한 종인 '개서어나무'는 서어나무보다 잎끝이 길지 않고, 열매 싸개 조각 한쪽에만 톱니가 있어 구별된다. » 63

서향(서향나무) 팥꽃나무과 (봄)
줄기는 똑바로 자라고 가지가 많이 갈라진다. 잎은 타원 모양으로 도톰하고 끝이 뾰족하며 가장자리가 밋밋하다. 어긋나기 한다. 3~4월에 흰색이나 노란빛을 띤 자주색 꽃이 피는데 향기가 진하다. 흰색 꽃이 피는 것을 '백서향'이라 한다. 열매가 열리지만 우리나라에서 자라는 서향은 대부분 수꽃만 피는 수나무라 열매를 보기 어렵다. 꽃에서 상서로운(서) 향기(향)가 난다고 해서 붙인 이름이다. 꽃향기가 멀리까지 퍼져 '천리향'이라고도 한다. » 45

석류나무 석류나무과 (봄)

줄기는 회색이거나 회색빛을 띤 갈색이다. 가지가 많이 갈라지고, 짧은 가지 끝은 가시가 된다. 잎은 긴 타원 모양으로 끝이 둥글고 가장자리가 밋밋하다. 마주나기 한다. 5~7월에 가지 끝에서 주홍색 꽃이 통 모양으로 피고 끝이 6갈래로 갈라진다. 열매는 둥근 모양이며, 꽃받침조각이 붙어 있다. 9~10월에 노란색이나 주황색으로 익을 때 껍질이 불규칙하게 터져서 붉은색 과육이 붙어 있는 씨앗이 드러난다. 이름은 아주 옛날, 페르시아(안석국)에서 들어온 열매가 혹처럼 매달려 있다는 뜻의 '안석류'가 바뀌었다고 한다. » 47

섬잣나무 소나무과 (봄)

줄기는 갈색이며, 껍질이 불규칙하게 벗겨진다. 잎은 바늘 모양으로 5장씩 모여 달리며, 잎 뒷면에 흰색의 숨구멍 줄이 있다. 잎의 길이는 잣나무보다 절반가량 짧다. 4~5월에 햇가지 끝부분에 녹색 또는 자주색의 암꽃이, 아랫부분에는 노란빛을 띤 갈색 수꽃이 핀다. 열매는 원뿔 모양으로 이듬해 9~10월에 익는다. 주변에서 보이는 섬잣나무는 관상용으로 개량한 품종이며, 원래 섬잣나무보다 잎이 훨씬 짧고, 열매 조각의 개수가 적고 길이도 짧다. 섬(울릉도)에서 자라는 잣나무라는 뜻의 이름이다. » 172

세열단풍 무환자나무과 (봄)

줄기는 가늘고 회색빛을 띤 갈색이다. 잎은 7~11갈래 갈라지고, 갈래 조각이 다시 가늘게 갈라진다. 5월에 가지 끝에서 짙은 붉은빛으로 꽃이 핀다. 열매는 9~10월에 익고 긴 타원 모양의 날개가 있다. 잎이 가늘게 갈라져 붙인 이름이며 일본이 원산지이다. 잎 모양이 공작새의 깃털과 비슷해 '공작단풍'이라고도 한다. » 42

소나무 소나무과 (봄)

줄기는 붉은빛을 띤 갈색이고, 오래되면 검은빛을 띤 갈색으로 변한다. 세로로 깊게 갈라지고 껍질이 비늘 모양으로 벗겨진다. 잎은 바늘 모양으로 2장씩 모여 가지에 촘촘하게 달린다. 5월에 연한 자주색 암꽃은 햇가지 끝에 달리고, 노란색 수꽃은 햇가지 아랫부분에 모여 달린다. 수꽃의 꽃가루를 '송홧가루'라 한다. 꽃가루는 우리나라 전통 과자인 다식, 잎은 송편을 찔 때 쓰인다. 열매는 달걀 모양으로 이듬해 9~10월에 갈색으로 익는다. 밑부분에서 굵은 가지가 갈라지는 '반송', 태백산 일대에서 자라는 '금강송', 가지가 아래로 처지는 '처진소나무', 잎이 노란색을 띠는 '황금소나무' 따위가 있다. 이름은 한자어 '송목'에서 변화했다거나 산의 꼭대기를 뜻하는 '수리'가 변한 우리말 '솔'에서 비롯되었다고도 한다. » 171

소사나무 자작나무과 (봄)

줄기는 회색빛을 띤 갈색이고 어린 가지는 붉은빛을 띤 갈색이며, 껍질눈이 많다. 잎은 달걀 모양이며 측맥이 10~12쌍이다. 끝이 뾰족하고 가장자리에 날카로운 겹톱니가 있다. 어긋나기 한다. 4~5월에 잎보다 먼저 꽃이 핀다. 암수한그루로 수꽃은 꼬리 모양으로 아래를 향해 달리고, 암꽃은 똑바로 선다. 열매는 원기둥 모양으로 9~10월에 익으며, 길이는 3~5센티미터다. 열매 싸개가 2~8장 겹쳐 있고 아래로 늘어진다. 달걀 모양의 씨는 열매 싸개에 붙어 있다. 서어나무보다 크기와 잎이 작다는 뜻의 한자 이름 '소서목'에서 비롯된 이름이다. » 62

소철 소철과 (여름·가을)

잎자루로 덮인 줄기 끝에서 깃털 모양의 잎이 사방으로 퍼지며, 잎끝이 아래로 처진다. 잎은 반들거리고 단단하며 끝이 뾰족하다. 암수딴그루로 6~8월에 줄기 끝에서 꽃이 피고, 암꽃은 둥근 모양이며 수꽃은 옥수수 모양의 긴 타원 모양이다. 열매는 넓은 타원 모양이고 붉은색으로 익는다. 줄기에 못을 박거나 철분을 공급해 주면 다시 살아나는 나무라는 뜻에서 붙인 이름이라고 한다. » 255

송악 두릅나무과 (여름·가을)

줄기는 회색빛을 띤 갈색이고 껍질눈이 있다. 줄기와 가지에서 공기뿌리가 나와 다른 물체에 붙어 덩굴로 자란다. 어린잎은 3~5갈래로 갈라지고, 오래된 가지의 잎은 긴 달걀 모양 또는 마름모꼴로 도톰하고 반들거리며 약간 오목하다. 어긋나기 한다. 9~11월에 가지 끝에서 누런빛을 띤 녹색 꽃이 둥글게 모여 핀다. 열매는 이듬해 3~6월에 검은빛을 띤 자주색으로 익는다. 이름 유래에는 여러 의견이 있다. 열매 윗부분이 마치 칼로 도려낸 듯한 모습에서 제주도 사투리로 '소왈낭'이라고 한 것에서 비롯되었다고 하며, 옛날에 소가 잘 먹어서 '소쌀나무'라고도 했다. » 218

수국 수국과 (여름·가을)

추위에 약해 겨울에 위쪽 가지가 죽는다. 잎은 달걀 모양이거나 넓은 달걀 모양으로 도톰하고 반들거리며 끝이 뾰족하다. 잎 가장자리에 톱니가 있다. 마주나기 한다. 7~8월에 가지 끝에서 연한 자주색, 푸른색, 연한 붉은색 꽃이 둥글게 모여 핀다. 암술이 퇴화하고 암술대만 있어 열매가 달리지 않는다. 흙의 성질에 따라 강한 산성 흙에서는 푸른색 꽃을, 알칼리성 흙에서는 붉은색 꽃을 피운다. 이름은 꽃 모양이 수를 놓아 만든 둥근 공 같다는 뜻에서 붙인 '수구'에서 비롯되었다. 원예 품종이 여럿 있다. » 185

순비기나무 꿀풀과 (여름·가을)

줄기는 회색빛을 띤 갈색이며, 어린 가지는 단면이 네모이다. 모래 위로 길게 뻗으면서 중간에 수염뿌리를 내리며 자란다. 잎은 달걀 모양으로 두툼하고 끝이 둥글며 마주나기 한다. 7~9월에 가지 끝에서 자주색 꽃이 모여 핀다. 둥근 열매는 10~11월에 진한 자주색으로 익는다. 향기가 난다. 나무뿌리가 모래땅에 숨어 뻗어 나가는 모습이 해녀가 숨을 죽이고 깊은 물속으로 잠수하는 모습(숨비기)을 닮았다고 해서 붙인 이름이다. » 198

쉬나무 운향과 (여름·가을)

줄기는 검은빛을 띤 갈색이며 매끈하다. 잎은 타원 모양 또는 긴 달걀 모양이며, 끝이 길게 뾰족하고 가장자리에 자잘한 톱니가 있다. 잎 7~11장이 깃털 모양으로 모여 달리고 독특한 냄새가 난다. 마주나기 한다. 8월에 햇가지 끝에서 흰색 꽃이 접시 모양으로 모여 핀다. 모양이 둥근 열매는 10월에 붉은색으로 익는다. 옛날에 씨앗으로 기름을 짜서 등불을 밝히거나 머리에 바르기도 했다. 우리나라에서 자생하는 이 식물은 중국 한약재 오수유와 열매가 비슷하다 하여 붙인 '수유나무'가 변한 이름이라고 한다. » 224

쉬땅나무 장미과 (여름·가을)

줄기는 회색빛을 띤 갈색이며 한군데서 모여 난다. 잎은 긴 타원 모양으로 끝이 꼬리처럼 길다. 가장자리에 겹톱니가 있는 잎 13~23장이 깃털 모양으로 모여 달린다. 어긋나기 한다. 6~7월에 가지 끝에서 흰색 꽃이 원뿔 모양으로 모여 핀다. 열매는 긴 타원 모양이며 9~10월에 갈색으로 익는다. 꽃이 달린 모양새가 수수 이삭을 닮아 붙인 이름으로, 쉬땅은 수수깡(수숫대)을 뜻하는 평안도 사투리라고 한다. » 221

스트로브잣나무 소나무과 (봄)

줄기는 회색빛을 띤 갈색이고 밋밋하지만 오래되면 껍질이 세로로 깊게 갈라진다. 잎은 바늘 모양으로 회색빛이 도는 초록색이며 5장씩 모여 달린다. 4월에 연한 노란색 수꽃이 햇가지 아래에 달리고, 연한 자주색 암꽃은 가지 끝에 모여 달린다. 열매는 원기둥 모양이며 9월에 갈색으로 익는다. 잣나무와 달리 잎이 가늘고 부드러우며, 열매가 길고 껍질이 매끈하여 잣나무나 섬잣나무와 구별된다. 이름은 '향긋한 나무 진'이라는 뜻의 학명(피누스 스트로브 *Pinus strobus*)에서 따왔다. » 173

시무나무 느릅나무과 (봄)
줄기는 어두운 갈색이며, 껍질이 세로로 깊게 갈라진다. 가지에는 어린 가지가 변한 기다란 가시가 있다. 잎은 긴 타원 모양으로, 가장자리에 고른 톱니가 있으며 잎끝이 짧게 뾰족하다. 측맥이 8~15쌍 있으며 어긋나기 한다. 4~5월에 잎보다 먼저 잎겨드랑이에서 꽃이 1~4송이씩 모여 핀다. 열매는 납작하고 반달 모양이며, 날개가 있고 9~10월에 익는다. 20리마다 가로수로 심어 '쉬무나무'라 부르던 것이 변한 이름이다. 가지에 가시가 달리고, 열매가 비대칭으로 한쪽에만 날개가 있어 느릅나무와 구별된다. » 154

식나무 가리아과 (봄)
줄기는 회색빛을 띤 갈색이며 1년생 가지는 녹색이다. 잎은 긴 타원 모양으로 겉면이 반들거리고 끝이 뾰족하다. 가장자리에 이빨 모양의 톱니가 있다. 잎자루에 얕은 홈이 있다. 마주나기 한다. 암수딴그루로 3~4월에 진한 자주색 꽃이 핀다. 10월에 붉은색으로 익는 열매는 타원 모양이며 겨울에도 달려 있다. 이름은 봄에 푸른 잎이 달린 채 새잎이 갈색으로 돋는 모습에 빗대어 얼룩덜룩해 보이는 것을 뜻하는 제주도 사투리 '식낭'에서 비롯되었다고 한다. 비슷한 종으로 잎에 노란색 얼룩점이 있는 '금식나무'가 있다. » 46

신갈나무 참나무과 (봄)
줄기는 어두운 회색이고 밑에서 여러 대가 한꺼번에 자라기도 한다. 잎은 거꾸로 선 달걀 모양으로 둥글며, 가장자리에 물결 모양의 톱니가 있다. 잎이 가지 끝에서 모여 넓게 퍼지며 잎자루는 거의 없다. 어긋나기 한다. 4~5월에 잎과 함께 꽃이 피는데 수꽃 이삭은 아래로 늘어지고 암꽃은 햇가지 끝의 잎겨드랑이에서 모여 달린다. 도토리는 타원 모양이며 9~10월에 익고, 깍정이는 비늘 조각으로 열매의 2분의 1에서 3분의 1가량을 덮는다. 잎 뒷면에 털이 없어 모양이 비슷한 떡갈나무와 구별된다. 이름은 짚신의 신발창으로 이 나무의 잎으로 갈아 쓴다는 뜻에서 '신갈이나무'가 변했다고 한다. 또는 신발 깔창으로 쓰일 만큼 잎이 크다는 뜻에서 비롯된 이름일 것이라고도 한다. » 67

신나무 무환자나무과 (봄)
줄기는 회색빛을 띤 갈색이고, 껍질이 세로로 갈라진다. 잎이 3갈래로 갈라지며 가운데 조각이 크고 길다. 끝이 길게 뾰족하고 가장자리에 불규칙한 겹톱니가 있다. 마주나기 한다. 가을에 붉은색으로 단풍이 든다. 5월에 햇가지 끝에서 초록빛을 띤 노란색 꽃이 원뿔 모양으로 모여 핀다. 날개 달린 열매는 타원 모양으로 2개가 마주 달리는데 90도보다 좁게 벌어진다. 색깔이 매우 짙고 선명하다는 뜻의 옛말 '싯'에 나무를 붙여 '싯나모'라 부르다가 '싯나모→신나모→신나무'가 되었다. » 91

싸리 콩과 (여름·가을)
줄기는 갈색이거나 붉은빛을 띤 갈색이며 껍질눈이 있다. 잎은 넓은 달걀 모양에 끝이 둥글고 가운데가 오목한 잎 3장이 모여 달린다. 어긋나기 한다. 7~8월에 잎겨드랑이에서 나온 긴 꽃자루 끝에 나비 모양의 붉은빛을 띤 자주색 꽃이 모여 핀다. 열매는 넓은 타원 모양이며 끝이 부리처럼 길고 10월에 익는다. 비슷한 종 '참싸리'는 잎겨드랑이에서 꽃자루가 짧은 꽃이 모여 핀다. 이름은 '쏠다'라는 뜻에서 비롯된 이름이라고 한다. » 188

아그배나무 장미과 (봄)
회색빛을 띤 길색 줄기는 세로로 길라지며, 집질이 빗

겨진다. 가지 중간에 달걀 모양의 잎이 달리고, 가지 끝에는 끝이 3~5갈래로 갈라진 잎이 달린다. 어긋나기 한다. 4~5월에 짧은 가지에서 나온 꽃줄기에 흰색 꽃이 4~5송이씩 모여 핀다. 둥근 열매는 9~10월에 붉거나 노란빛이 도는 붉은색으로 익는데 끝에 꽃받침 자국이 둥글게 남아 있다. 이름은 아기처럼 작은 배가 열리는 나무라는 뜻으로 전라남도의 사투리라고 한다. 비슷한 종인 '야광나무(새하얀 꽃이 밤에도 밝게 빛나는 나무)'는 잎 가장자리의 톱니가 흐릿하고, 달린 잎 모양이 모두 같아서 구별된다. » 124

아까시나무 콩과 (봄)
줄기는 회색빛을 띤 갈색이고, 껍질이 세로로 깊이 갈라진다. 잔가지에 턱잎이 변한 가시가 있다. 잎은 타원 모양이다. 9~19장이 깃털 모양으로 모여 달리고 마주나기 한다. 5~6월에 1년생 가지의 잎겨드랑이에서 흰색 꽃이 모여 피는데 아래로 처진다. 납작하고 긴 꼬투리 열매에는 검은빛을 띤 갈색 씨앗이 5~10개 들어 있다. 예전에는 '아카시아나무'로 잘못 불렸는데 '아카시아나무'는 열대 지방에서 자란다. 북아메리카가 원산으로 1900년대 초에 황폐했던 산을 살리기 위해 널리 심었다. 비슷한 종으로 분홍색 꽃이 피는 '꽃아까시나무'가 있다. » 130

아로니아 장미과 (봄)
5월에 흰색 꽃이 피고, 둥근 열매는 8~9월에 진한 보라색, 붉은색으로 익는다. 떫고 신맛이 난다. 타원 모양의 잎은 어긋나기 하며, 끝이 뾰족하고 자잘한 톱니가 있다. 북아메리카가 원산인 아로니아는 18세기경 유럽에 전해졌으며, 폴란드가 전 세계 생산량의 90퍼센트를 차지하고 있다. '블랙 초크베리', '초크베리', '킹스베리', '단나무'라고도 한다. » 129

아왜나무 산분꽃나무과 (여름·가을)
줄기는 검은빛을 띤 갈색이다. 끝이 뾰족한 잎은 긴 타원 모양으로 도톰하며 반들거린다. 잎자루는 붉은색

이다. 마주나기 한다. 6~7월에 흰색 꽃이 1년생 가지 끝에서 원뿔 모양으로 모여 피는데 점점 아래로 처진다. 타원 모양 또는 달걀 모양의 열매는 9~11월에 붉은색에서 검은색으로 익는다. 이름은 제주도 사투리 '아웨낭' 또는 '아왜낭'에서 비롯된 '외로운 나무'라는 뜻이라고 하며, 잎에 물기가 많아 불을 막는 산울타리로 쓰였다고 한다. » 242

아이비 두릅나무과 (여름·가을)
가지에서 공기뿌리가 나와 다른 물체에 붙어 덩굴로 자란다. 심장 모양의 잎은 3~5갈래로 갈라지며, 도톰하고 반들거린다. 어긋나기 한다. 10월에 가지 끝에서 누런빛을 띤 녹색 꽃이 둥글게 모여 핀다. 품종에 따라 잎에 노란색이나 흰색 무늬가 있다. '서양송악', '양담쟁이', '유럽아이비'라고도 한다. 독성이 있다. 아이비는 잎 아랫부분이 심장 모양이며, 이와 비슷한 '송악'은 잎이 마름모꼴이며 약간 오목하다. » 218

안개나무 옻나무과 (봄)
줄기는 자줏빛을 띤 갈색이고, 껍질이 비늘처럼 벗겨진다. 잎은 거꾸로 선 달걀 모양이며, 끝이 둔하거나 둥글고 가장자리가 밋밋하다. 가지 끝에서 모여나거나 어긋나기 한다. 5~7월에 가지 끝에서 노란색 작은 꽃이 원뿔 모양으로 모여 핀다. 열매는 콩팥 모양으로 7~8월에 익는다. 열매 자루에 실 같은 털이 달려 있다. 멀리서 보면 나무 전체가 안개가 뭉게뭉게 피는 것처럼 보여 붙인 이름이다. 잎이 자주색인 '자엽안개나무'도 있다. » 88

애기동백나무 차나무과 (여름·가을)
줄기는 회색빛을 띤 갈색이다. 도톰하고 반들반들한 잎은 타원 모양 또는 긴 타원 모양이며, 가장자리에 자잘한 톱니가 있다. 어긋나기 한다. 11~이듬해 1월에 잎겨드랑이나 가지 끝에서 붉은색, 흰색, 분홍색 따위로 꽃이 핀다. 둥근 모양의 열매는 이듬해 8~9월에 붉은색으로 익으며 3갈래로 갈라진다. 동백나무와 비슷하지

만 동백나무보다 잎과 꽃이 작아 붙인 이름이다. » 232

앵도나무(앵두나무) 장미과 (봄)
줄기는 검은빛을 띤 갈색이다. 잎은 달걀 모양이거나 타원 모양으로 끝이 뾰족하고 가장자리에 자잘한 톱니가 있다. 어긋나기 한다. 3~4월에 잎보다 먼저 흰색 또는 연한 분홍색 꽃이 핀다. 암술과 수술 아랫부분에 붉은빛이 감돈다. 둥근 열매는 6월에 붉은색으로 익는다. 한자 이름 '앵도'에서 비롯되었으며, 꾀꼬리가 먹고 생김새가 복숭아를 닮아 붙인 이름이라고 한다. '앵두나무'라고도 한다. » 116

양국수나무 장미과 (봄)
줄기는 회색빛을 띤 갈색이며, 껍질이 불규칙하게 벗겨진다. 가지가 옆으로 퍼지면서 자란다. 잎은 달걀 모양이며 3갈래로 갈라진다. 잎맥이 뚜렷하고 가장자리에 둔한 겹톱니가 있다. 어린 가지 끝에서 흰색 꽃이 둥글게 모여 핀다. 이름은 서양(북아메리카)에서 들어온 국수나무라는 뜻이다. 잎이 황금색이거나 자주색을 띠는 품종도 있다. » 111

양다래 다래나무과 (봄)
줄기는 붉은빛을 띤 갈색이며 어린 가지는 갈색 털이 빽빽하다. 잎은 거꾸로 선 달걀 모양이거나 둥글고, 밋밋하거나 오목하게 들어간 잎끝에 자잘한 톱니가 있다. 암수딴그루로 4~6월에 잎겨드랑이에서 흰색 꽃이 핀다. 열매는 넓은 타원 모양으로 9~10월에 익으며, 갈색 털이 빽빽하다. 열매를 자르면 녹색의 과육에 작은 씨앗들이 박혀 있다. 양다래는 서양에서 들어온 다래라는 뜻이다. '키위'라고도 한다. » 138

양버들 버드나무과 (봄)
줄기는 검은빛을 띤 갈색이며, 껍질이 세로로 갈라지고 빗자루 모양으로 자란다. 잎은 삼각형의 달걀 모양으로 가로가 세로 길이보다 길며, 끝이 길게 뾰족하다. 가장자리는 톱니 모양이다. 어긋나기 한다. 암수딴그루로 3~4월에 꼬리 모양의 꽃이 핀다. 꼬리 모양으로 늘어지는 열매는 5월에 익으며 솜털이 붙어 있는 씨앗이 바람에 날린다. 서양에서 들어온 버드나무라는 뜻으로 붙인 이름이며, '포플러'라고도 한다. » 20

양버즘나무 버즘나무과 (봄)
줄기는 어두운 갈색이고 껍질이 불규칙하게 떨어져 얼룩무늬를 이룬다. 잎은 3~5갈래로 손바닥 모양으로 갈라지고 가장자리는 밋밋하다. 어긋나기 한다. 잎에서 독특한 냄새가 난다. 4~5월에 둥근 꽃이 피는데 붉은색 암꽃은 가지 끝에 달리며, 연한 녹색 수꽃은 잎겨드랑이에서 나온다. 둥근 모양의 열매는 9~11월에 익으며 이듬해 봄까지 달려 있다. 씨앗에 갈색 털이 달려 있다. 양버즘나무는 나무껍질이 하얗게 벗겨진 모습이 버짐(버즘의 표준말)이 핀 것 같아 붙인 이름이다. '플라타너스'라고도 한다. » 27

영산홍 진달래과 (봄)
일본 철쭉을 개량한 원예 품종이며, 줄기는 회색이고 매끈하다. 잎은 좁고 긴 타원 모양으로 끝이 뾰족하고 가장자리가 밋밋하다. 산철쭉보다 크기가 작고 잎이 도톰하며, 겨울에도 떨어지지 않는 잎이 많다. 잎은 어긋나거나 가지 끝에서 모여나기도 한다. 4~5월에 잎과 가지 끝에서 붉은색, 분홍색, 흰색 꽃이 피는데 산철쭉보다 크기가 작다. 독성이 있다. 열매는 달걀 모양으로 9~10월에 익는다. 이름은 붉은색 꽃이 산을 뒤덮을 정도로 아름답게 핀다는 뜻이다. » 47

영춘화 물푸레나무과 (봄)
어린 가지는 네모지고 녹색을 띤다. 긴 타원 모양의 작은 잎 3장이 모여 달리며 마주나기 한다. 3~4월에 잎이 나기 전에 잎겨드랑이에서 노란색 꽃이 핀다. 일찍 꽃이 피어 봄을 맞이하는 꽃이라는 뜻으로 붙인 이름이다. » 99

예덕나무 대극과 (여름·가을)

줄기는 회색빛을 띤 흰색이다. 넓은 달걀 모양의 잎은 끝이 3~5갈래로 살짝 갈라진다. 잎자루가 길고 붉은색을 띠며 아랫부분에 샘점이 있다. 어긋나기 한다. 어린잎은 붉은빛을 띤 갈색이다. 암수딴그루로 6~7월에 햇가지 끝에서 자잘한 연한 노란색 꽃이 모여 핀다. 열매는 둥근 세모 모양이고 8~10월에 갈색으로 익는다. 이름의 유래는 잎 모양이 오동나무를 닮았고 들에서 저절로 자라 '야오동' 또는 '야동'이 변했다고 하고, 또 작은(예) 닥나무라는 뜻에서 비롯되었다고 한다. » 208

오갈피나무 두릅나무과 (여름·가을)

줄기는 회색빛을 띤 갈색이며 매끈하거나 가시가 있다. 뿌리에서 가지가 많이 갈라져 나와 사방으로 퍼진다. 작은 잎 3~5장이 손바닥 모양으로 모여 달린다. 어긋나기 한다. 8~9월에 가지 끝에서 자주색 꽃이 우산 모양으로 둥글게 모여 핀다. 열매는 10월에 검은색으로 익는다. 잎이 5갈래로 갈라지고 나무껍질을 약재로 쓴다는 뜻의 '오가피'가 바뀐 이름이다. 비슷한 종으로 줄기에 가시가 많은 '가시오가피'가 있으며 꽃은 노란빛을 띤 흰색이다. » 194

오동나무 오동나무과 (봄)

줄기는 옅은 갈색이며, 껍질이 세로로 갈라진다. 잎은 달걀 모양으로 끝이 뾰족하고 가장자리가 밋밋하다. 마주나기 한다. 5~6월에 가지 끝에서 고개 숙인 연한 보라색 꽃이 원뿔 모양으로 모여 피고 향기가 좋다. 꽃눈은 여름부터 나오는데 꽃눈 전체에 갈색 털이 빽빽하게 난다. 달걀 모양으로 끝이 뾰족한 열매는 10~11월에 갈색으로 익는다. 오동나무는 나뭇결이 아름답고 갈라지거나 뒤틀리지 않아 가구나 악기를 만드는 중요한 재료로 쓰였다. 한자 이름 '오동'은 5개의 씨앗이 열매 안에 붙어 있고, 꽃 속이 빈 것이 마치 통과 같다는 뜻이라고 한다. 우리나라 고유종이다. » 52

오리나무 자작나무과 (봄)

줄기는 갈색이거나 자줏빛을 띤 갈색이며, 오래되면 껍질이 세로로 불규칙하게 갈라진다. 잎은 타원 모양으로 반들거리며 끝이 뾰족하다. 측맥이 7~11쌍이며 가장자리에 자잘한 톱니가 있다. 어긋나기 한다. 3~4월에 잎보다 먼저 꽃이 피며, 수꽃은 붉은빛을 띤 갈색으로 가지 끝에서 3~4송이씩 모여 피어 아래로 늘어진다. 긴 달걀 모양의 암꽃은 곧게 서서 핀다. 열매는 달걀 모양으로 2~6개씩 달리며 10월에 붉은빛을 띤 갈색으로 익는다. 뿌리에 뿌리혹이 있어 식물에 영양분을 공급해 주기 때문에 척박한 땅에서도 잘 자란다. 나무껍질이 세로로 잘게 갈라지는 모양에서 가늘고 긴 조각을 뜻하는 '오리'에 빗대어 붙인 이름이라고 한다. » 59

오미자 오미자과 (봄)

줄기는 붉은빛을 띤 갈색이고 가늘다. 덩굴로 자란다. 잎은 타원 모양이거나 거꾸로 선 달걀 모양이며, 끝이 뾰족하고 가장자리에 물결 모양의 톱니가 있다. 어긋나기 한다. 암수딴그루로 4~6월에 햇가지 잎겨드랑이에서 흰색 꽃이 한 송이씩 핀다. 열매는 둥근 모양이며 여러 개가 이삭 모양으로 모여 달리며 8~10월에 붉은색으로 익는다. 마르면 쭈글쭈글하게 주름이 생긴다. 열매에서 다섯 가지 맛(쓴맛, 단맛, 짠맛, 신맛, 매운맛)이 나서 붙인 이름이다. » 74

옥매 장미과 (봄)

줄기는 여러 대가 모여난다. 잎이 가늘고 길며 아래쪽이 약간 볼록하고 끝이 뾰족하다. 어긋나기 한다. 5월에 잎과 함께 흰색 겹꽃이 줄기를 감싸듯이 촘촘하게 핀다. 이름은 한자 이름 '옥매'에서 비롯되었으며, 겹으로 흰색 꽃이 피는 모습이 옥처럼 하얗고 매화를 닮았다는 뜻이다. '겹백옥매', '만첩옥매', '백매', '흰옥매'라고도 한다. 분홍색 겹꽃이 피는 것을 '분홍매'라 한다. » 120

올괴불나무 인동과 (봄)

줄기는 회색빛을 띤 갈색이며, 껍질이 세로로 갈라지면서 벗겨진다. 잎은 달걀 모양이거나 타원 모양이며 끝이 뾰족하고 가장자리가 밋밋하다. 마주나기 한다. 3~4월에 지난해의 가지 끝에서 연한 노란빛을 띤 흰색이나 연한 붉은색 꽃이 잎보다 먼저 핀다. 향기는 없다. 둥근 열매는 5~6월에 붉은색으로 익는데 단맛이 난다. 이름은 일찍 꽃이 피고 열매도 일찍 맺는 괴불나무라는 뜻이다. 꽃이 분홍색인 '분홍괴불나무'도 있다. » 54

옻나무 옻나무과 (봄)

나무껍질에 상처를 내면 나오는 옻이라는 즙을 칠의 원료나 약재로 쓰려고 심어 기르던 것이 야생으로 퍼져 집 주변의 산에서 저절로 자라기도 한다. 줄기는 회색빛을 띤 갈색이다. 작은 잎은 달걀 모양이거나 타원 모양으로 끝이 길게 뾰족하고 가장자리는 밋밋하다. 작은 잎 7~11장이 깃털 모양으로 가지 끝에서 모여나거나 어긋나기 한다. 5~6월에 잎겨드랑이에서 초록빛을 띤 노란색 꽃이 원뿔 모양으로 모여 피며 아래로 처진다. 열매는 둥글납작하고 9월에 연한 갈색으로 익는데 털이 없다. 옻나무를 만지면 온몸에 두드러기가 생기기 때문에 조심해야 한다. 이름은 '옻'을 얻는 나무라는 뜻이다. 독성이 있다. » 85

왕머루 포도과 (여름·가을)

줄기는 검은빛을 띤 갈색이며, 껍질이 세로로 갈라지면서 얇게 벗겨진다. 덩굴손으로 주변의 나무 따위를 감고 올라가며 덩굴로 자란다. 잎은 넓은 달걀 모양이며, 끝이 3~5갈래로 얕게 갈라진다. 이빨 모양의 톱니가 있다. 어긋나기 한다. 5~6월에 잎과 마주 달리는 꽃자루에서 누런빛을 띤 녹색 꽃이 원뿔 모양으로 모여 핀다. 둥근 열매는 송이를 이루면서 아래를 향해 달리고, 9월에 검은빛을 띤 자주색으로 익는다. '멀위'에서 비롯된 이름으로, 정확한 유래는 알 수 없다. 열매가 포도를 닮았다. 비슷한 종인 '머루'는 울릉도에서 자라며 잎이 왕머루보다 도톰하고 뒷면에 붉은빛을 띤 갈색 거미줄 같은 털이 많다. 야생에서 자라는 왕머루는 머루보다 열매가 더 크다는 뜻에서 붙인 이름이다. » 250

왕버들 버드나무과 (봄)

줄기는 회색빛을 띤 갈색이고, 껍질이 세로로 깊게 갈라진다. 2년생 가지는 윤기가 나며 붉은빛을 띤 갈색이다. 잎은 타원 모양이며 반들거린다. 뒷면은 흰색이고 끝이 뾰족하며 가장자리에 작은 톱니가 있다. 새잎은 붉은빛이 돌아 마치 붉은색 꽃이 달린 것처럼 보인다. 턱잎은 귀 모양으로 날카로운 톱니가 있다. 어긋나기 한다. 암수딴그루로 4월에 잎과 함께 꼬리 모양으로 꽃이 핀다. 열매는 달걀 모양으로 5~6월에 익는다. 흰색 털이 붙어 있는 씨앗은 바람에 날린다. 버드나무보다 아름드리로 자라는 웅장한 모습이 '왕'을 닮았다고 하여 붙인 이름이다. » 56

왕벚나무 장미과 (봄)

줄기는 회색빛을 띤 갈색이고 껍질눈이 옆으로 길게 있다. 잎은 넓은 타원 모양이며, 잎자루와 잎몸이 만나는 부분에 꿀샘이 한 쌍 있고 어긋나기 한다. 4월에 잎보다 먼저 흰색 또는 연한 분홍색 꽃이 3~6송이씩 모여 핀다. 꽃자루가 길며, 꽃받침통은 좁은 종 모양이고 겉에 털이 빽빽하다. 열매는 6~7월에 검은색으로 익는다. 꽃이 크고 아름다워 붙인 이름이다. 제주도 서귀포시 신례리 왕벚나무 자생지는 천연기념물로 지정, 보호하고 있다. 비슷한 종으로 '벚나무', 산에서 자라는 '산벚나무', 가지가 아래로 처지는 '처진올벚나무', 꽃이 겹으로 피는 '만첩개벚', 이삭 모양으로 작은 꽃이 모여 피는 '세로티나벚나무' 등 품종이 다양하여 일부 품종 외에는 구별하기 어렵다. 우리나라 고유종으로 제주도와 전라북도 대둔산에서 자생한다. » 119

용버들 버드나무과 (봄)

줄기는 회색빛을 띤 갈색이고, 껍질이 세로로 갈라진다. 원줄기와 큰 가지는 위로 향하지만 1년생 가지는 아래를 향해 처지고 구불구불하다. 잎은 좁고 실며 끝이 뾰족하다. 가장자리에 자잘한 톱니가 있다. 어긋나기 한다. 암수딴그루로 4~5월에 잎과 함께 꽃이 핀다. 열매는 달걀 모양이며 5월에 익는다. 흰색 털이 붙어 있는 씨앗은 바람에 날린다. 1년생 가지가 아래로 처지고 구불구불한 모양새가 용의 모습을 떠올리게 하여 붙인 이름이다. » 56

우묵사스레피 차나무과 (여름·가을)
줄기는 회색빛을 띤 흰색이고 매끈하다. 거꾸로 선 달걀 모양의 잎은 오목하고 뒤로 말리며 가장자리에 물결 모양의 톱니가 있다. 도톰하고 반들거리며 질기다. 어긋나기로 2줄 달린다. 암수딴그루로 10~12월에 잎겨드랑이에서 누런빛을 띤 흰색 꽃이 1~4송이씩 아래를 향해 피며, 독특한 향기가 난다. 둥근 열매는 이듬해 10~11월에 검은빛을 띤 자주색으로 익는다. 나뭇가지가 지저분하게 보인다는 뜻의 사스레피나무와 비슷하지만 잎끝이 뒤로 말려 우묵하게 들어간 모양에 빗대어 붙인 이름이다. » 233

워싱턴야자 야자나무과 (여름·가을)
줄기는 원기둥 모양이며, 잎자루가 떨어진 흔적이 남아 있다. 둥근 잎은 줄기 윗부분에서 촘촘하게 돌려나기 한다. 길이는 50~100센티미터이고 손바닥 모양으로 끝이 깊게 갈라진다. 잎자루에 갈고리 모양의 가시가 있다. 잎겨드랑이에서 흰색 꽃이 모여 핀다. » 255

유자나무 운향과 (봄)
줄기는 초록빛을 띤 갈색이며, 어린 가지에 좁고 날카로운 가시가 있다. 잎은 긴 타원 모양으로 끝이 뾰족하다. 가장자리가 밋밋하며 둔한 톱니가 있다. 잎 뒷면에 샘점들이 있다. 어긋나기 한다. 4~5월에 위쪽 가지의 잎겨드랑이에서 흰색 꽃이 1~2송이씩 핀다. 둥근 열매는 10~11월에 노란색으로 익으며 겉이 울퉁불퉁하다. 신맛이 강해 꿀에 절여 차로 마시거나 요리할 때 넣기도 한다. 열매가 반들거리고 술통 같은 모양에 빗댄 한자 이름 유자에서 비롯된 이름이라고 한다. » 131

유카 비짜루과 (여름·가을)
껍질에 잎자루가 떨어진 자국이 남아 있으며, 줄기는 하나이거나 여러 갈래로 갈라진다. 잎이 원기둥 모양으로 가늘고 길며, 끝부분이 바늘처럼 뾰족하다. 잎은 줄기에서 촘촘하게 돌려나기 하며, 길이는 40~100센티미터이다. 꽃은 여름부터 가을까지 줄기 끝에서 흰색 꽃이 원뿔 모양으로 모여 아래를 향해 핀다. 긴 타원 모양으로 열매가 보기 드물게 열린다. 비슷한 종인 '실유카'는 잎 가장자리에 실 모양의 섬유질이 많이 달려 있어 쉽게 구별된다. » 244

으름덩굴 으름덩굴과 (봄)
줄기는 갈색이며 다른 식물을 타고 올라가는 덩굴이다. 잎은 넓은 달걀 모양이거나 타원 모양이며, 5~6장이 손 모양으로 모여 달린다. 햇가지에서는 어긋나기 하고, 오래된 가지에서는 모여나기 한다. 따뜻한 곳에서는 잎이 떨어지지 않는다. 4~5월에 어린 가지의 잎 사이에서 자주색 꽃이 피는데 암꽃은 크고 그 수가 적게 달리며, 수꽃은 크기가 작고 여러 송이가 모여 달린다. 긴 타원 모양의 열매는 10월에 갈색으로 익으며 흰색 과육은 먹을 수 있다. 이름의 유래에는 여러 의견이 있으며, 그중 흰색 과육이 마치 얼음처럼 보여 '얼음덩굴'이라고 했는데 이것이 변한 이름이라고 한다. » 24

으아리 미나리아재비과 (여름·가을)
줄기는 녹색으로 가늘며, 덩굴로 자라다가 겨울에 말라 죽는다. 잎은 달걀 모양이며, 작은 잎 5~7장이 깃털 모양으로 모여 달린다. 마주나기 한다. 5~9월에 가지 끝과 잎겨드랑이에서 흰색 꽃이 우산 모양으로 모여 핀다. 열매는 달걀 모양으로 흰색 털이 있으며 8~11월에 익는다. 열매에 기다란 암술대가 날개처럼 남아 있다. 약재로 쓰이는 이 식물은 독성이 있어 아린 맛을 낸다고 하여 '아리다'와, 맺힌 덩어리인 '응어리'를 없앤다는 뜻에서 비롯된 이름이라고 한다. » 219

은단풍 무환자나무과 (봄)

줄기는 회색빛을 띤 갈색이며, 어린줄기는 붉은빛을 띤 갈색이다. 잎이 5갈래로 갈라지고 가장자리가 톱니 모양이다. 그 잎들이 다시 얕게 갈라지며 끝이 뾰족하다. 꽃은 꽃잎이 없고 꽃받침이 노란빛을 띤 녹색으로 4~5월에 잎보다 먼저 핀다. 수술은 붉은빛을 띤 갈색이다. 날개가 있는 열매 2개가 마주 달리며 90도가량 벌어진다. 잎 뒷면에 은색 털이 있어 붙인 이름이다. » 43

은사시나무 버드나무과 (봄)

줄기는 밝은 회색이고 껍질눈이 마름모꼴이다. 잎은 달걀 모양이거나 둥근 모양이며 끝이 짧게 뾰족하다. 가장자리에 불규칙한 이빨 모양의 톱니가 있다. 잎 뒷면에 흰색 털이 빽빽하여 흰색으로 보인다. 어긋나기 한다. 암수딴그루로 4월에 꼬리 모양의 꽃이 핀다. 열매는 꼬리 모양으로 5월에 익으며, 씨앗에 솜털이 붙어 있어 바람에 날린다. 이름은 '사시나무와 은백양 사이의 잡종'이라는 뜻이다. 비슷한 종인 '사시나무'는 잎 뒷면에 털이 없어 녹색을 띠며 은사시나무보다 만나기 어렵다. 사시나무라는 이름은 잎자루가 가늘어 약한 바람에도 나뭇잎이 심하게 떠는 모양에서 비롯되었다고 한다. » 21

은행나무 은행나무과 (봄)

줄기는 회색빛을 띤 흰색이며, 껍질이 세로로 갈라진다. 잎은 부채 모양이며 긴 가지에서는 2갈래로 갈라지고 짧은 가지에서는 가장자리가 밋밋하다. 큰 가지에서는 어긋나기 하고, 작은 가지에서는 모여나기 한다. 은행나무는 밑씨가 씨방 안에 있지 않고 드러나는 겉씨식물이고, 잎이 넓은잎나무(활엽수)와 비슷하지만 잎맥이 나란히 뻗어 있어 마치 솔잎을 얇게 편 모양새라 바늘잎나무(침엽수)로 분류한다고 한다. 암수딴그루로 5월에 암꽃은 한 가지에 6~7송이가 모여 피고, 수꽃은 노란빛을 띤 연한 녹색으로 1~5송이가 길게 늘어진다. 열매는 10~11월에 노란색으로 익으며, 겉껍질은 물렁물렁하고 악취가 난다. 독성이 있다. 손으로 만지면 피부병이 생기기도 한다. 씨앗에 은빛(은)이 감돌고 열매가 살구(행)와 비슷하다고 해서 붙인 이름이다. » 163

음나무 두릅나무과 (여름·가을)

줄기는 회색빛을 띤 갈색이며, 껍질이 불규칙하게 세로로 갈라진다. 줄기와 가지에 가시가 많다. 둥근 잎이 손바닥 모양으로 5~9갈래로 갈라지고 끝이 길게 뾰족하다. 어긋나기 한다. 7~8월에 가지 끝에서 누런빛을 띤 흰색 꽃 여러 송이가 모여 핀다. 둥근 열매는 10~11월에 검은색으로 익는다. 어린 음나무의 새싹을 '개두릅'이라 하며 나물로 먹는다. 풀이나 나무의 새로 나오는 싹을 뜻하는 '엄'이 돋는 식물이라는 뜻인 '엄나무'에서 변화한 이름이라고 한다. 옛날에 집 안으로 들어오려던 귀신이 가시가 무서워서 도망을 친다고 믿어 가시가 달린 음나무 가지를 대문 위에 꽂아 두었다. 이러한 이유로 이 나무로 어린이의 노리개를 만들어 채워서 귀신이 들어오지 못하게 했다고 한다. » 234

이나무 버드나무과 (봄)

줄기는 노란빛을 띤 흰색이고 껍질눈이 있다. 잎은 심장 모양으로 끝이 뾰족하고 가장자리에 둔한 톱니가 있다. 잎자루가 길고 붉은색이며 도톰한 샘점이 1~3개 있다. 어긋나기 한다. 암수딴그루로 6월에 잎겨드랑이에서 길게 늘어진 꽃줄기에 초록빛을 띤 노란색 꽃 여러 송이가 20~30센티미터로 늘어지며 핀다. 둥근 열매는 포도송이 모양으로 모여 달리고 10~11월에 붉은색으로 익는다. 가을에 노란색으로 단풍이 들며, 붉은색 열매는 낙엽이 진 뒤에도 달려 있다. 이름 유래에는 여러 가지 의견이 있다. 옛날에 이 나무로 의자 따위를 만들어 '의자나무'라는 뜻의 '의목'이라고 부르다가 '의나무', '이나무'가 되었다고 하며, 잎자루에 있는 샘점이 마치 피를 빨아먹는 곤충 '이' 같아서 붙인 이름이라고 한다. » 94

이스라지 장미과 (봄)

줄기는 회색빛을 띤 갈색이다. 긴 타원 모양의 잎은 끝이 길게 뾰족하며, 가장자리에 깊은 겹톱니가 있다. 어긋나기 한다. 5월에 잎보다 꽃이 먼저 피는데 꽃은 흰색이나 연한 붉은색이다. 둥근 모양의 열매는 6~7월에 익는다. 이름은 산에서 자라는 야생 앵도나무의 옛 이름 '묏이스랏'에서 산을 뜻하는 묏이 탈락한 '이스랏'에서 비롯되었다고 한다. » 31

이태리포플러 버드나무과 (봄)

줄기는 검은빛을 띤 회색이며, 오래되면 껍질이 세로로 갈라진다. 양버들보다 가지가 옆으로 퍼지며 빠르게 자란다. 잎은 가로보다 세로 길이가 길며 끝이 뾰족하다. 어긋나기 한다. 암수딴그루로 4월에 꼬리 모양의 꽃이 핀다. 암꽃은 연한 녹색이고 수꽃은 붉은빛을 띤 갈색이다. 꼬리 모양으로 늘어지는 열매는 5~6월에 익으며 솜털이 붙어 있는 씨앗이 바람에 날린다. 이름은 '이탈리아에서 자라는 나무'라는 뜻이다. » 20

이팝나무 물푸레나무과 (봄)

줄기는 회색빛을 띤 갈색이고, 껍질이 세로로 갈라진다. 어린줄기는 얇게 벗겨진다. 잎은 타원 모양이거나 달걀 모양으로 가장자리가 밋밋하지만 어린 나무의 잎 가장자리에는 자잘한 톱니가 있다. 마주나기 한다. 5~6월에 햇가지에서 흰색 꽃 여러 송이가 모여 핀다. 열매는 타원 모양이며 10월에 검은색으로 익는데 모든 나무에서 열매가 열리지는 않는다. 꽃이 풍성하게 피는 모습이 마치 이밥(맵쌀로 지은 밥을 가리키며, 이팝은 사투리)을 수북하게 담은 모습을 닮아 붙인 이름이다. » 146

인동(인동덩굴) 인동과 (여름·가을)

줄기는 갈색이며, 다른 물체를 오른쪽으로 감고 올라가며 덩굴로 자란다. 잎은 타원 모양이며, 끝이 뾰족하고 가장자리는 밋밋하다. 마주나기 한다. 6~7월에 잎겨드랑이에서 흰색 꽃이 1~2송이씩 피는데 차츰 노란색으로 변한다. 향기가 좋다. 둥근 열매는 9~10월에 검은색으로 익는다. 이름은 추운 겨울(동)에도 잎이 떨어지지 않고 이겨낸다(인)는 뜻이다. 비슷한 종으로는 북아메리카가 원산인 '붉은인동'이 있으며 꽃과 열매가 모두 붉은색이다. » 243

일본매자나무 매자나무과 (봄)

줄기는 회색이며 어린 가지는 붉은빛을 띤 갈색에 가시가 달린다. 잎은 거꾸로 선 달걀 모양이거나 주걱 모양이며 가장자리가 밋밋하다. 짧은 가지에 모여난 것처럼 보이지만 어긋나기 한다. 4~5월에 짧은 가지 끝에 붉은빛을 띤 녹색 꽃이 모여 피며 아래로 늘어진다. 열매는 타원 모양이며 10월에 붉은색으로 익는다. 매자나무라는 이름은 매의 발톱처럼 날카로운 '가시(자)'가 있는 나무라는 뜻이며, 일본매자나무는 일본 원산의 매자나무라는 뜻이다. 잎이 자주색이거나 형광색 따위로 여러 품종이 있다. » 73

일본목련 목련과 (봄)

줄기는 회색빛을 띤 흰색이고 매끈하다. 달걀 모양이거나 긴 타원 모양의 잎은 20~40센티미터로 매우 크다. 어긋나기 하지만 가지 끝에서 돌려나기 한 것처럼 보인다. 5월에 잎이 핀 다음 가지 끝에서 흰색 꽃이 위를 향해 피는데 크기가 15센티미터가량이고 향기가 있다. 열매는 긴 타원 모양이며 10월에 익는다. 일본이 원산이라서 붙인 이름이다. » 104

일본잎갈나무 소나무과 (봄)

줄기는 어두운 갈색이며, 껍질이 세로로 갈라져 긴 조각으로 벗겨진다. 잎은 바늘 모양으로 긴 가지에서 1장씩 나고 짧은 가지에서는 20~30장씩 모여 난다. 4~5월에 잎과 함께 짧은 가지 끝에서 붉은빛을 띤 갈색 수꽃이 아래를 향해 달리고 연녹색 암꽃은 위를 향해 달린다. 열매는 달걀 모양이며 9월에 갈색으로 익는데 조각이 뒤로 젖혀진다. 원산지가 일본이며 잎을 가는 나무라는 뜻에서 붙인 이름이다. 바늘잎나무로 가을에 노란색 단풍이 들고 잎이 떨어지는 낙엽송이다. » 169

일본조팝나무 장미과 (여름·가을)

줄기는 짙은 갈색이며, 껍질이 세로로 갈라진다. 잎은 긴 달걀 모양에 끝이 뾰족하며 잎 가장자리에 날카로운 톱니가 있다. 어긋나기 한다. 6~7월에 줄기 끝에서 분홍색 작은 꽃이 우산 모양으로 모여 핀다. 열매는 5월에 익는다. 이름은 일본이 원산인 조팝나무라는 뜻이다. » 186

자귀나무 콩과 (여름·가을)

회색빛을 띤 갈색으로 껍질눈이 있는 줄기는 휘어지거나 사선으로 자란다. 작은 잎들이 새의 깃털처럼 모여 달리고 다시 2번 마주나기 한다. 밤이나 흐린 날에는 마주 보는 작은 잎들이 접힌다. 6~7월에 가지 끝에서 분홍색 꽃이 우산 모양으로 모여 피고, 기다란 분홍색 수술이 털처럼 보이며 향기가 좋다. 납작한 꼬투리 열매는 9~10월에 갈색으로 익으며 겨울에도 가지에 달려 있다. 접히는 잎의 모습이 마치 잠을 자고 있는 것 같아 붙인 이름이라고 한다. 잎이 접히는 모습에서 '합혼수', '합환목'이라고도 한다. » 187

자금우 앵초과 (여름·가을)

줄기는 갈색이며 옆으로 기면서 자란다. 잎은 타원 모양이거나 달걀 모양으로 끝이 뾰족하고 가장자리에 자잘한 톱니가 있다. 마주나기 하거나 돌려나기 한다. 5~6월에 지난해 가지의 잎겨드랑이에서 흰색 꽃이 우산살 모양으로 아래를 향해 핀다. 열매는 둥글고 9월에 붉은색으로 익는다. 산호수와 견주어 기는줄기에 잎이 없고 줄기에 털이 없는 것으로 구별한다. 중국에서 한약재로 쓰이는 이 식물의 뿌리를 가리키는 한자 이름에서 따왔다고 한다. » 237

자도나무(자두나무) 장미과 (봄)

줄기는 회색빛을 띤 갈색이고, 1년생 가지는 붉은빛을 띤 갈색이다. 좁은 타원 모양의 잎은 끝이 뾰족하고 가장자리에 자잘한 톱니가 있다. 어긋나기 한다. 3~4월에 잎보다 먼저 가지마다 'V'자 모양의 긴 꽃자루에서 흰색 꽃이 3송이씩 모여 피며 달콤한 꿀 향기가 난다. 매실나무보다 꽃 크기가 작다. 둥근 열매는 7월에 노란색이나 자주색으로 익는다. 열매가 보라색이고 모양이 복숭아를 닮아 지은 '자도'에서 비롯되었다. '오얏나무'라고도 한다. » 118

자작나무 자작나무과 (봄)

줄기는 회색이 도는 흰색이며, 껍질이 얇게 벗겨진다. 잎은 삼각형에 가까운 달걀 모양이며 측맥이 5~8쌍이다. 끝이 뾰족하고 가장자리에 겹톱니가 있다. 어긋나기 한다. 4~5월에 꼬리 모양의 붉은 수꽃이 아래로 늘어지고 가느다란 암꽃은 똑바로 서 있다가 열매로 자라면서 아래로 늘어진다. 열매는 원기둥 모양이며 9~10월에 익는다. 껍질을 태울 때 기름기가 많아 '자작자작' 하는 소리가 나서 붙인 이름이라고 한다. » 61

자주목련 목련과 (봄)

줄기는 회색빛을 띤 흰색이다. 겨울눈은 털로 덮여 있다. 잎은 거꾸로 선 달걀 모양으로 끝이 둔하고 가장자리가 밋밋하다. 어긋나기 한다. 4~5월에 가지 끝에서 잎보다 먼저 꽃이 피는데 꽃잎 안쪽은 흰색, 바깥쪽은 붉은빛을 띤 자주색이다. 꽃잎 6장, 꽃받침 3장이 모두 9장의 꽃잎처럼 보인다. 꽃잎 안쪽과 바깥쪽의 색이 모두 자주색인 것을 '자목련'이라 한다. 자목련보다는 자주목련을 주변에서 쉽게 볼 수 있다. » 25

작살나무 꿀풀과 (여름·가을)

줄기는 회색빛을 띤 갈색이고, 어린 가지는 보라색이며 단면이 원 모양이다. 잎은 거꾸로 선 달걀 모양이거나 타원 모양이며, 가장자리에 자잘한 톱니가 있고 끝이 길게 뾰족하다. 뒷면에 샘섬이 있다. 마주나기 한다.

6~8월에 잎겨드랑이 가까이에서 연한 보라색 꽃이 모여 핀다. 열매는 둥근 모양으로 10월에 보라색으로 익으며, 좀작살나무보다 성기게 달린다. 가지가 줄기를 중심으로 갈라지는 모양이 물고기를 찔러서 잡는 작살을 닮아 붙인 이름이다. » 196

잣나무 소나무과 (봄)

줄기는 어두운 갈색이며, 껍질이 불규칙하게 떨어진다. 잎은 바늘 모양이며 5장씩 모여 달리고 잎 뒷면에 흰색의 숨구멍 줄이 있다. 5월에 타원 모양의 노란색 수꽃이 햇가지 밑에 피고, 연한 붉은빛을 띤 자주색 암꽃은 햇가지 끝에 모여 달린다. 긴 달걀 모양의 열매는 이듬해 10월에 익는다. 솔방울 조각 끝이 길게 자라서 뒤로 완전히 젖혀지지 않으며, 씨앗이 안에 박혀 있다. 씨앗은 삼각형 모양에 갈색이며 딱딱한 껍질에 싸여 있다. 목재가 붉은색을 띠어 '홍송'이라고도 한다. 이름은 잣이 달리는 나무라는 뜻이다. » 174

장구밥나무 아욱과 (여름·가을)

줄기는 누런빛을 띤 갈색이며, 밑에서 여러 대가 나온다. 달걀 모양의 잎은 끝이 뾰족하고 가장자리에 불규칙한 톱니가 있다. 어긋나기 한다. 6~8월에 잎겨드랑이에서 연한 노란색 꽃 여러 송이가 우산 모양으로 모여 핀다. 열매는 9~10월에 노란색이나 노란색이 감도는 붉은색으로 익는다. 열매가 2~4개씩 붙어 있는 모습이 전통악기인 '장구'를 닮아서 붙인 이름이라고 한다. » 228

전나무 소나무과 (봄)

줄기는 어두운 갈색으로 거칠며, 껍질이 갈라진다. 가지가 수평으로 퍼지면서 자란다. 잎은 바늘 모양으로 가지에 촘촘하게 달리며 뒷면에 흰색 숨구멍이 2줄 있다. 4월에 가지 끝 잎겨드랑이에서 노란빛을 띤 녹색 수꽃이 모여 달리며, 암꽃은 타원 모양으로 수꽃 가까이에 달린다. 열매는 기둥 모양이며 10월에 갈색으로 익고 똑바로 선다. 끈적끈적한 액체인 나무진을 가리키는 '젓'이 나와 '젓나무'라 불렸다가 바뀐 이름이다. » 166

조록나무 조록나무과 (봄)

줄기는 붉은빛을 띤 갈색이다. 잎은 긴 타원 모양이며, 끝이 약간 뾰족하고 가장자리가 밋밋하다. 도톰하고 반들거리며 질기다. 어긋나기 한다. 어린 가지나 잎에 많은 벌레집(벌레혹)이 생긴다. 4~5월에 잎겨드랑이에서 꽃잎이 없고 꽃받침만 있는 붉은색 꽃이 모여 핀다. 뿔이 달린 열매는 달걀 모양이며 9~10월에 갈색으로 익는다. 열매 겉에 털이 있고 열매가 2갈래로 갈라져 씨앗이 나온다. 잎에 생긴 벌레집이 주머니 모양의 자루인 조롱처럼 보여 붙인 이름이라고 한다. » 25

조록싸리 콩과 (여름·가을)

줄기는 갈색이며 껍질이 세로로 갈라진다. 마름모꼴에 끝이 뾰족한 잎 3장이 모여 달린다. 어긋나기 한다. 6~7월에 잎겨드랑이와 가지 끝에서 나비 모양의 붉은빛을 띤 자주색 꽃이 모여 핀다. 열매는 납작한 반달 모양의 꼬투리 열매로 9~10월에 익는다. 줄기 껍질을 가늘게 벗기면 마치 잔주름이 잡힌 것처럼 보인다. 잔주름이 고르게 잡힌 모양을 일컫는 경상도 사투리 '조록조록'에서 비롯된 이름이라고 한다. » 187

조팝나무 장미과 (봄)

줄기는 회색빛을 띤 갈색이고, 뿌리에서 줄기들이 뻗어 나와 큰 포기로 자란다. 잎은 타원 모양이거나 달걀 모양으로 끝이 뾰족하고, 가장자리에 자잘한 톱니가 있다. 어긋나기 한다. 4~5월에 가는 줄기를 따라 흰색 꽃이 촘촘하게 붙어 피는데 그 모습이 흰색 꼬리처럼 보인다. 꽃이 핀 모습이 조로 만든 밥이나 튀긴 좁쌀을 붙인 것처럼 보여 붙인 이름이다. » 109

족제비싸리 콩과 (봄)

줄기는 회색빛을 띤 갈색이고, 뿌리 가까이에서 줄기

가 많이 나온다. 작은 잎은 타원 모양으로 끝에 바늘 모양의 작은 돌기가 있고, 11~25장이 깃털 모양으로 모여 달린다. 어긋나기 한다. 5~6월에 가지 끝에서 짙은 자주색 꽃이 꼬리 모양으로 빽빽하게 모여 핀다. 타원 모양으로 굽은 열매는 9월에 익는다. 꽃대가 족제비의 꼬리를 닮았고 잎이 싸리나무를 닮아 붙인 이름이라고 하며, 꽃색이 족제비 털색과 비슷하고 냄새가 나서 붙인 이름이라고도 한다. » 38

졸참나무 참나무과 (봄)

줄기는 회색이거나 회색빛을 띤 갈색이며, 오래되면 껍질이 세로로 갈라진다. 잎은 타원 모양으로 끝이 차츰 뾰족해지며 가장자리에 뾰족한 침이 3~7개 있다. 참나무 종류 중에서 잎이 가장 작고, 잎자루가 길다. 어긋나기 한다. 4~5월에 잎과 함께 꽃이 피는데 수꽃 이삭은 아래로 늘어지고 암꽃은 윗부분에 달린다. 도토리는 깍정이가 3분의 1가량 덮고 있다. 깍정이는 삼각형의 비늘 조각으로 덮여 있으며 참나무 종류 중에서 가장 작다. 열매 크기가 작은 참나무라는 뜻에서 이름에 '졸'을 붙였다. » 68

좀깨잎나무 쐐기풀과 (여름·가을)

줄기는 회색빛을 띤 갈색이며, 껍질은 세로로 갈라지며 어린 가지는 붉은색이다. 가지가 많이 갈라지고 겨울에 끝부분이 말라 죽는다. 키가 작고 숲 가장자리에 풀과 함께 자라 풀처럼 보이기도 한다. 잎은 마름모꼴 또는 둥그런 마름모꼴이며, 끝이 꼬리 모양으로 길게 뾰족하다. 잎 가장자리에 큰 톱니가 5~6개씩 있다. 마주나기 한다. 7~8월에 암꽃은 줄기 윗부분의 잎겨드랑이에, 수꽃은 아랫부분의 잎겨드랑이에 달린다. 열매는 여러 개가 둥글게 모여 달리며 9~10월에 갈색으로 익는다. 잎이 깨를 닮고 크기가 작아 붙인 이름이다. » 184

좀목형 꿀풀과 (여름·가을)

줄기는 회색빛을 띤 살색이고 매끈하며, 뿌리에서 줄기가 많이 뻗는다. 어린 가지는 단면이 네모이다. 작은 잎 3~5장이 손바닥 모양으로 모여 달리며, 마주나기 한다. 줄기와 잎에 기름 성분이 있어서 향기가 난다. 7~8월에 가지 끝이나 가지 끝의 잎겨드랑이에서 보라색 꽃이 모여 핀다. 둥근 열매는 10월에 검은빛을 띤 갈색으로 익으며 향기가 있다. 이름은 중국 원산의 '모형'을 잘못 붙인 '목형'이라는 나무보다 작다는 뜻이다. » 195

좀작살나무 꿀풀과 (여름·가을)

회색빛을 띤 갈색이며 어린 가지는 보라색이고 단면이 네모이다. 거꾸로 선 달걀 모양이거나 타원 모양의 잎은 가장자리 3분의 2에만 톱니가 있고, 뒷면에 샘점이 있다. 마주나기 한다. 7~8월에 잎겨드랑이에서 조금 떨어진 곳에 연한 보라색 꽃이 모여 핀다. 열매는 둥글고 10월에 보라색으로 익는다. 꽃과 열매가 흰색인 것을 '흰좀작살나무'라 한다. 이름은 작살나무보다 열매가 작은 나무라는 뜻이다. » 197

종려나무 야자나무과 (여름·가을)

줄기는 섬유질의 잎집으로 싸여 있다. 둥근 잎은 길이가 50~80센티미터로 잎끝이 갈라지며 잎자루는 1미터가량이다. 암수딴그루로 5~6월에 잎겨드랑이에서 누런빛을 띤 녹색 꽃이 모여 피며 아래로 처진다. 둥근 열매는 검은색으로 익는다. 중국 원산의 '당종려'는 잎이 단단하여 갈래 조각이 아래로 처지지 않는다. » 254

주목 주목과 (봄)

큰 가지와 줄기는 붉은빛을 띤 갈색이고 어린 가지는 녹색이다. 잎은 바늘 모양으로 가지에서 촘촘히 돌려나며, 옆으로 뻗은 가지에서는 깃털처럼 보인다. 잎 뒷면에 숨구멍이 2줄 있다. 암수딴그루로 4월에 가지 끝에서 연한 녹색의 암꽃과 연한 노란색의 수꽃이 핀다. 항아리 모양의 열매는 8~9월에 붉은색으로 익는다. 나무속 색이 붉은색을 띠어 붙인 이름이다. » 164

주엽나무 콩과 　　　　　　　　　　　　　[여름·가을]

줄기는 검은빛을 띤 갈색 또는 어두운 회색이며, 가지가 변한 납작하고 날카로운 가시가 있다. 긴 타원 모양의 작은 잎 10~16장이 깃털 모양으로 모여 달린다. 어긋나기 한다. 6월에 연한 누런빛을 띤 녹색 꽃이 이삭 모양으로 모여 핀다. 10월에 길이 20~30센티미터로 자란 꼬투리 열매는 뒤틀리면서 갈색으로 익는다. 열매 꼬투리가 검은색 비단 같아 '조협'이라는 이름에서 변화한 이름이라고도 하며, '쥐엄나무'라고도 한다. 비슷한 종인 '조각자나무'는 중국 원산으로 열매가 거의 비틀리지 않아 구별된다. » 247

줄딸기 장미과 　　　　　　　　　　　　　　　[봄]

줄기는 붉은빛을 띤 자주색이고 가시가 있으며, 옆으로 뻗으면서 자란다. 달걀 모양의 작은 잎 5~9장이 깃털 모양으로 모여 달리고 가장자리에 겹톱니가 있다. 어긋나기 한다. 4~5월에 햇가지 끝에 연분홍색 꽃이 한 송이씩 피며 꽃자루에 가시가 있다. 열매는 둥근 모양으로 7~8월에 붉은색으로 익는다. 줄기가 줄처럼 뻗으며 자라서 붙인 이름이며, '덤불딸기'라고도 한다. » 29

줄사철나무 노박덩굴과 　　　　　　　　　[여름·가을]

줄기는 검은빛을 띤 갈색이며, 새로 난 가지는 녹색이다. 줄기에서 공기뿌리가 나와 다른 나무나 바위 따위에 붙어 덩굴로 자란다. 잎은 긴 타원 모양이거나 달걀 모양이다. 잎 가장자리에 얕고 둔한 톱니가 있으며, 도톰하고 반들거리며 질기다. 마주나기 한다. 5~6월에 잎겨드랑이에서 누런빛을 띤 녹색 꽃이 7~15송이씩 모여 핀다. 둥근 열매는 10월에 붉은색으로 익으며, 4갈래로 갈라진다. 사철나무와 달리 덩굴로 길게 자라 붙인 이름이다. » 249

중국굴피나무 가래나무과 　　　　　　　　　　　[봄]

줄기는 회색빛을 띤 갈색이며, 껍질이 세로로 갈라진다. 잎은 작고 긴 타원 모양이다. 끝이 길게 뾰족하고 가장자리에 긴 톱니가 있으며, 작은 잎 9~25장이 깃털 모양으로 달린다. 잎줄기에 날개가 있다. 어긋나기 한다. 4~5월에 꽃이 피는데 수꽃은 노란빛을 띤 녹색이며 꼬리 모양으로 아래를 향해 달리고, 암꽃은 곧게 서서 핀다. 열매는 20~30센티미터로 아래로 길게 늘어지고 9월에 갈색으로 익는다. 씨앗 양쪽에 날개가 있다. 이름은 원산지가 중국인 굴피나무라는 뜻이다. 호두나무의 접목으로도 쓰인다. » 58

중국단풍 무환자나무과 　　　　　　　　　　　　[봄]

줄기는 회색빛을 띤 갈색이고, 껍질이 세로로 갈라져 여러 조각으로 벗겨진다. 역삼각형 모양의 잎은 3갈래로 갈라지고, 끝이 뾰족하며 가장자리가 밋밋하다. 마주나기 한다. 가을에 노란색이거나 붉은색으로 단풍이 든다. 4월에 가지 끝에서 연한 노란색 꽃이 접시 모양으로 둥글게 모여 핀다. 열매는 타원 모양으로 날개가 있으며 2개가 마주 달리는데 90도보다 좁게 벌어진다. 중국이 원산지라서 붙인 이름이다. » 90

쥐똥나무 물푸레나무과 　　　　　　　　　　　　[봄]

줄기는 회색빛을 띤 흰색이거나 회색빛을 띤 갈색이며 껍질눈이 있다. 잎은 타원 모양이거나 거꾸로 선 달걀 모양이며 가장자리가 밋밋하다. 마주나기 한다. 5~6월에 햇가지 끝에서 흰색 꽃 여러 송이가 늘어지는 모양으로 모여 피며 향기가 진하다. 열매는 달걀 모양이며 10월에 검은색으로 익는다. 검은 열매가 쥐똥을 닮아 붙인 이름이다. » 145

진달래 진달래과 　　　　　　　　　　　　　　[봄]

산지의 볕이 잘 드는 곳에서 자란다. 줄기는 연한 갈색이며, 잎은 긴 타원 모양으로 끝이 뾰족하고 가장자리가 밋밋하다. 어긋나기 한다. 잎을 비비면 독특한 냄새가 난다. 3~4월에 잎보다 먼저 가지 끝에서 분홍색 꽃이 1~5송이씩 모여 핀다. 열매는 원기둥 모양이며 11월에 짙은 갈색으로 익는다. 꽃을 그대로 먹기도 하고, 꽃을 따서 화전(찹쌀가루를 반죽하여 진달래나 개나리, 국화 따위의 꽃잎이나 대추를 붙여서 기름에 지진 떡, 꽃전)이나 술을 빚어 먹는다. 이름은 옛 이름 '진돌비'에서 비롯되었다고 한다. 꽃색이 진하고 산이나 들에서 자라는 먹을 수 있는 들꽃이라는 뜻이다. 중국에서 전해 내려오는 한자 이름 '두견화'는 꽃잎에 얼룩무늬가 있는 것이 목에 무늬가 있는 뻐꾸기(두견)와 비슷하다는 뜻에서 비롯된 이름이라고 한다. 흰색 꽃이 피는 '흰진달래'도 있다. » 48

쪽동백나무 때죽나무과 (봄)
줄기는 검은색이며 껍질이 매끈하고 윤기가 난다. 겨울에 어린 가지는 껍질이 얇게 벗겨진다. 잎은 타원 모양이거나 넓은 달걀 모양이고 끝이 짧게 뾰족하다. 어긋나기 한다. 5~6월에 햇가지 끝에서 흰색 꽃이 아래를 향해 길게 늘어지면서 모여 피고 향기가 진하다. 타원 모양의 열매는 9월에 연한 회색으로 익고, 껍질이 불규칙하게 갈라지면서 타원 모양의 갈색 씨앗이 나온다. 때죽나무 씨앗보다 매끈하다. 이름은 동백나무처럼 기름을 짜서 쓰고, 동백나무보다 열매가 작아 '쪽' 자를 붙였다. » 144

찔레나무(찔레꽃) 장미과 (봄)
줄기는 검은빛을 띤 자주색이며, 날카로운 가시가 많고 길게 자란 가지 끝이 아래로 처진다. 잎은 타원 모양이나 거꾸로 선 달걀 모양이며, 5~9장이 깃털 모양으로 모여 달린다. 어긋나기 한다. 5월에 가지 끝에서 흰색 또는 연한 분홍색 꽃이 원뿔 모양으로 모여 핀다. 열매는 둥글고 10월에 붉은색으로 익는다. 줄기에 가시가 많아 가시에 찔리는 꽃이라는 뜻에서 붙인 이름이다. '찔레', '찔레꽃'이라고도 한다. 비슷한 종으로 '덩굴장미', '돌가시나무' 따위가 있다. 장미의 원예 품종을 만들 때 대목으로 쓰이기도 한다. » 115

ㅊ

차나무 차나무과 (여름·가을)
줄기는 회색빛을 띤 흰색이며 가지가 많이 갈라진다. 잎은 타원 모양 또는 긴 타원 모양이며, 도톰하고 반들거리며 어긋나기 한다. 10~11월에 가지 끝과 잎겨드랑이에서 흰색 꽃이 1~3송이씩 모여 핀다. 둥글납작한 열매는 이듬해 8~12월에 갈색으로 익는다. 신라 시대에 중국 당나라에서 종자를 가져와 심은 것이 그 시작이며, 어린잎으로 차를 우려내는 나무라는 뜻이다. » 232

참느릅나무 느릅나무과 (여름·가을)
줄기는 회색빛을 띤 갈색이며, 껍질이 조각으로 갈라져서 벗겨진다. 잎은 타원 모양이며, 도톰하고 반들거리며 질기다. 느릅나무보다 작다. 밑부분은 왼쪽과 오른쪽이 비대칭이며 잎 가장자리가 둔한 톱니 모양이다. 어긋나기 한다. 9월에 햇가지의 잎겨드랑이에서 누런빛을 띤 갈색 꽃이 모여 핀다. 열매는 넓은 타원 모양에 날개가 있으며, 9~11월에 익는다. 씨앗은 열매 가운데에 있다. 이름은 진짜(참) 느릅나무에서 비롯되었다. » 244

참빗살나무 노박덩굴과 (봄)
줄기는 회색빛을 띤 갈색이며, 껍질이 세로로 갈라진다. 잎은 타원 모양으로 끝이 뾰족하며, 둔하고 자잘한 톱니가 있다. 마주나기 한다. 5~6월에 잎겨드랑이에서 연한 녹색 꽃이 모여 핀다. 열매는 둥그스름한 사각형이며 10~11월에 붉은색으로 익는다. 열매가 4갈래로 갈라지면 씨앗이 나온다. 이름은 참빗의 살을 만들었다는 데에서 비롯되었다고 한다. » 159

참식나무 녹나무과 (여름·가을)
줄기는 검은빛을 띤 회색으로 매끈하다. 잎은 타원 모

양이며, 끝이 뾰족하고 반들거린다. 어린잎에는 갈색 털이 촘촘한데 자라면서 없어진다. 어긋나기 한다. 암수딴그루로 9~11월에 잎겨드랑이에서 꽃대가 없는 연한 노란색의 작은 꽃이 모여 핀다. 열매는 둥근 모양이며, 이듬해 꽃이 필 무렵 붉은색으로 익는다. 진짜(참) 식나무라는 뜻이다. » 206

참죽나무 멀구슬나무과 (여름·가을)
줄기는 회색빛을 띤 갈색이며, 오래되면 껍질이 세로로 불규칙하게 갈라진다. 긴 타원 모양에 끝이 뾰족하고 가장자리가 밋밋한 잎 10~20장이 깃털 모양으로 모여 달린다. 어긋나기 한다. 5~6월에 가지 끝에서 흰색 꽃이 원뿔 모양의 꽃대에 모여 피고 아래로 처진다. 열매는 9월에 누런빛을 띤 갈색으로 익으면 5갈래로 갈라진다. 열매가 나무에 달려 있는 모습이 마치 꽃처럼 보인다. 튱나무→죽나모→죽나무→죽나무로 발음이 바뀌었고, 냄새가 강해 먹지 못하는 가죽나무에 빗대어 진짜라는 뜻에 '참'을 붙였다고 한다. » 223

채진목 장미과 (봄)
줄기는 회색빛을 띤 흰색이고, 가늘고 긴 가지는 붉은빛을 띤 갈색이다. 잎은 달걀 모양이거나 긴 타원 모양으로 끝이 뾰족하다. 어긋나기 한다. 4~5월에 가지 끝에서 흰색 꽃이 모여 핀다. 둥근 열매는 9~10월에 검은빛을 띤 자주색으로 익는데 열매에 꽃받침이 남아 있다. 일본 이름의 한자를 우리말로 표기한 이름이다. '독요나무'라고도 한다. » 126

천사의나팔 가지과 (여름·가을)
줄기는 곧게 자라며 윗부분에서 갈라진다. 잎은 기다란 타원 모양이며 길이는 10~30센티미터이다. 어긋나기 한다. 7~10월에 피는 흰색, 노란색, 분홍색, 주황색 꽃이 나팔 모양이며, 길이는 20~30센티미터로 아래를 향해 핀다. 영어 이름은 '엔젤 트럼펫'이다. 식물 전체에 독성이 있다. 추운 곳에서는 실내에서 기른다. » 202

천선과나무 뽕나무과 (여름·가을)
줄기는 회색빛을 띤 갈색이고 어린 가지는 녹색이다. 잎은 거꾸로 선 달걀 모양이거나 긴 타원 모양이며, 끝이 뾰족하고 가장자리는 밋밋하다. 어긋나기 한다. 암수딴그루로 5~6월에 햇가지 잎겨드랑이에서 둥근 꽃주머니가 달린다. 둥근 열매는 8~11월에 검은빛을 띤 자주색으로 익는다. '하늘의 신선이 먹는 과일'이란 뜻의 한자 이름에서 비롯되었다. 비슷한 종으로 잎이 좁고 기다란 '좁은잎천선과나무'가 있다. » 245

철쭉 진달래과 (봄)
줄기는 회색이며 1년생 가지는 회색빛을 띤 갈색이다. 거꾸로 선 달걀 모양의 잎은 끝이 둥글고 가장자리가 밋밋하다. 가지 끝에서 잎이 5장씩 모여난다. 4~6월에 잎과 함께 가지 끝에서 연한 분홍색 꽃이 3~7송이씩 모여 핀다. 꽃에 독성이 있다. 열매는 긴 달걀 모양이며 10~11월에 익는다. 한자 이름 '양척촉'은 양이 철쭉을 먹으면 비틀거리다 죽는다는 뜻으로, 양척촉→척촉→철쭉이 되었다고 한다. » 49

청가시덩굴 청미래덩굴과 (봄)
줄기는 녹색이고 네모지며, 가시와 얼룩얼룩한 검은색 점이 있다. 잎은 달걀 모양이며 잎맥 5줄이 뚜렷하다. 가장자리가 물결 모양이며 잎자루 중간에 덩굴손 한 쌍이 나와 다른 물체를 감고 올라가며 자란다. 암수딴그루로 6월에 연한 노란색 꽃이 우산 모양으로 모여 핀다. 둥근 열매는 9~10월에 검은색으로 익는다. 줄기가 푸른색이고 가시가 많아 붙인 이름이다. » 101

청미래덩굴 청미래덩굴과 (봄)
줄기는 녹색이거나 초록빛을 띤 갈색이다. 원줄기는 마디에서 굽어 자라며, 줄기에 약간 아래쪽으로 향한 가시가 있다. 잎은 넓은 타원 모양으로 잎맥 3줄이 뚜렷하며, 도톰하고 반들거리며 질기다. 어긋나기 한다. 암수딴그루로 5월에 잎겨드랑이에서 연한 노란색 꽃이 우산 모양으로 모여 핀다. 둥근 열매는 9~10월에 붉은색으로 익으며 '망개'라고 한다. 충청도, 경상도 지방에서 쌀이나 찹쌀을 빚어 청미래덩굴 잎으로 싸서 찌는데 이를 '망개떡'이라고 한다. 이름은 어린줄기가 푸르고(청) 줄기가 구부러진 모양새를 나타내는 우리말 '멸애(또는 며래)'를 합친 '청멸애'에서 비롯되었다고 한다. » 101

초피나무 운향과 (봄)
줄기는 회색빛을 띤 갈색이며, 가지에 턱잎이 변한 가시가 잎자루 밑에 한 쌍씩 마주나게 달린다. 잎은 달걀 모양으로 가장자리에 물결 모양의 톱니와 샘점이 있는 작은 잎 13~21장이 깃털 모양으로 모여 달린다. 잎줄기에 작은 날개가 있다. 어긋나기 한다. 암수딴그루로 5~6월에 잎겨드랑이에서 초록빛을 띤 노란색 꽃이 원뿔 모양으로 모여 핀다. 열매는 둥글고 겉에 샘점이 있다. 9~10월에 붉은빛을 띤 갈색으로 익는다. 식물 전체에서 강한 냄새가 나며 검은색 씨앗을 갈아 추어탕에 넣어 먹기도 한다. 이름은 이 나무의 열매껍질을 뜻하는 한자어 '초피'에서 비롯되었으며, 콩처럼 작은 열매에서 향기가 나는 식물을 뜻한다. 산초와 비슷하나 주로 열매의 껍질을 이용한다는 뜻의 이름이다. '제피나무', '전피나무'라고도 한다. » 83

측백나무 측백나무과 (봄)
잎은 끝이 뾰족하고 비늘 모양으로 겹쳐 나며 앞면과 뒷면의 구별이 어렵다. 마주나기 한다. 4월에 같은 가지에서 암꽃과 수꽃이 핀다. 열매는 둥글고 흰빛을 띠며, 갈고리 모양의 돌기가 있다. 9월에 붉은빛을 띤 갈색으로 익는다. 열매 조각은 6~12개로 조각마다 씨앗이 1~2개 있으며 날개는 없다. 잎이 납작하고, 서쪽(측면)을 향해 자라서 붙인 이름이라고 한다. » 179

층꽃나무 꿀풀과 (여름·가을)
줄기는 갈색 또는 회색빛을 띤 갈색이며, 어린나무는 윗부분이 겨울에 말라 죽는다. 보통 나무들보다 크기가 작아 풀처럼 보이기도 한다. 잎은 달걀 모양이며 가장자리에 큰 톱니가 있다. 마주나기 한다. 8~10월에 가지 끝이나 잎겨드랑이에서 보라색 꽃이 층을 이루어 핀다. 둥근 열매는 10~11월에 검은색으로 익는다. 흰색 꽃이 피는 '흰층꽃나무'도 있다. 이름은 잎겨드랑이에서 꽃이 층을 이루며 피는 나무라는 뜻이다. » 199

층층나무 층층나무과 (봄)
줄기는 회색빛을 띤 갈색이며, 껍질이 세로로 얕게 그물처럼 갈라진다. 어린줄기와 가지는 붉은색이며 껍질눈이 퍼져 있고 반들거린다. 1년생 가지는 겨울에 붉은색을 띤다. 잎은 달걀 모양으로 끝이 뾰족하고 가장자리가 밋밋하다. 측맥이 6~9쌍이며 뚜렷하다. 어긋나기 한다. 5월에 햇가지 끝에서 흰색 꽃이 접시 모양으로 평평하게 모여 핀다. 둥근 열매는 8~10월에 붉은색으로 변했다가 검은색으로 익는다. 가지가 층을 이루며 자라서 붙인 이름이다. » 140

치자나무 꼭두서니과 (여름·가을)
줄기는 회색 또는 회색빛을 띤 갈색이다. 잎은 타원 모양이거나 긴 타원 모양이며, 끝이 길게 뾰족하고 반들거리며 질기다. 마주나기 하거나 3장이 돌려나기 한다. 6~7월에 가지 끝에서 흰색 꽃이 피는데 시간이 지나면 노란색으로 변하고 향기가 좋다. 열매는 긴 타원 모양이며 꽃받침에 덮여 있다. 9월에 주황색으로 익는 열매는 약재나 노란색 물을 들이는 데 사용한다. 겹꽃이 피는 것을 '꽃치자'라고 하며 열매가 열리지 않는다. 이름은 열매가 술잔을 닮아 '치'를, 열매를 뜻하는 '자'를 붙였다고 하는데, 이 한자 이름을 그대로 따왔다. » 241

칠엽수 무환자나무과 (봄)
줄기는 검은빛을 띤 갈색이고, 1년생 가지는 붉은빛을 띤 갈색이다. 겨울눈은 갈색이며 끈적끈적한 액체로 덮여 있다. 잎은 거꾸로 선 긴 달걀 모양으로 5~7장이 손바닥 모양으로 모여 달리고, 바깥쪽 잎의 크기가 작다. 마주나기 한다. 6월에 가지 끝에서 흰색 꽃이 원뿔 모양으로 모여 핀다. 10월에 둥근 열매가 붉은빛을 띤 갈색으로 익으면 3갈래로 갈라지면서 밤 모양의 씨앗이 나온다. 독성이 있어 먹을 수 없다. 잎 7장이 모여 달리는 나무라는 뜻에서 붙인 이름이다. 비슷한 종으로 소아시아 원산인 열매에 가시가 있는 '가시칠엽수'를 '마로니에'라고도 하며, 붉은색 꽃이 피는 미국 원산의 '붉은꽃칠엽수(미국칠엽수)'가 있다. » 134

칡 콩과 (여름·가을)

줄기는 검은빛을 띤 갈색이며, 갈색 또는 흰색의 곧은 털과 구부러진 털이 있다. 줄기는 다른 물체를 왼쪽으로 감아 올라가며 길게 자라지만 겨울에 말라 죽는다. 마름모꼴의 잎 3장이 모여 달리고 잎은 어긋나기 한다. 8월에 잎겨드랑이에서 나비 모양의 자주색 꽃이 줄기를 따라 촘촘하게 매달려 아래쪽부터 위쪽으로 핀다. 납작한 열매는 9~10월에 익으며 억센 갈색 털이 빽빽하다. 예부터 칡덩굴의 껍질로 짠 '갈포'라는 옷감과 '갈포지'라는 벽지를 만들었고, 생활에 필요한 삼태기나 바구니 따위를 만들기도 했으며, 뿌리는 '갈근'이라 하여 약재로 쓰거나 차로 우려서 마셨다. 옛말 '즐'이 '츩'을 거쳐 바뀐 이름이라고 한다. » 189

ㅋ

콩배나무 장미과 (봄)

줄기는 회색빛을 띤 갈색이고 짧은 가지는 갈색으로 가시처럼 생겼으며 껍질눈이 흰색이다. 잎은 넓은 달걀 모양이거나 둥근 모양으로 끝이 뾰족하다. 어긋나기 한다. 4~5월에 짧은 가지 끝에서 흰색 꽃이 5~9송이씩 모여 핀다. 열매는 둥글고 10월에 초록빛을 띤 갈색에서 검은빛을 띤 갈색으로 익는다. 열매가 1~1.5센티미터로 콩처럼 작아 붙인 이름이다. » 123

큰꽃으아리 미나리아재비과 (봄)

줄기는 가늘어 덩굴로 자라며 갈색이다. 달걀 모양의 작은 잎 3~5장이 깃털 모양으로 모여 달리며 마주나기 한다. 5~6월에 잎겨드랑이에서 흰색이거나 연한 노란색 꽃이 위를 향해 핀다. 으아리보다 꽃이 크다. 둥근 열매는 9~10월에 익으며, 긴 암술대가 남아 있다. 으아리란 이름은 약재로 쓰이는 이 식물에 아린 맛(아리다)에서, 또는 '응어리'진 것을 사라지게 하는 성분이 있다는 뜻에서 비롯되었다고 한다. 비슷한 종인 '클레마티스'는 중국 원산의 위령선을 개량한 품종이며, 그 밖에 많은 품종이 재배되고 있다. » 102

큰낭아초 콩과 (여름·가을)

줄기는 갈색 또는 회색빛을 띤 갈색이며, 껍질눈이 있다. 타원 모양의 작은 잎 5~11장이 깃털 모양으로 모여 달리며, 어긋나기 한다. 6~9월에 잎겨드랑이에서 나비 모양의 붉은빛을 띤 자주색 꽃이 꽃줄기를 따라 촘촘하게 매달려 아래쪽에서부터 위쪽으로 핀다. 열매는 원기둥 모양이며 10~11월에 익는다. 낭아초보다 크기가 커서 붙인 이름이다. » 190

ㅌ

태산목 목련과 (봄)

줄기는 어두운 갈색이다. 긴 타원 모양의 잎은 도톰하고 반들거린다. 뒷면은 갈색 털이 촘촘하다. 어긋나기 한다. 5~6월에 가지 끝에서 15~25센티미터 크기의 흰색 꽃이 피며 향기가 진하다. 열매는 타원 모양으로 10월에 익으며, 녹색을 띤 흰색의 짧은 털로 덮여 있다. 우리나라에서 자라는 목련 종류 가운데 유일하게 늘푸른나무에 속한다. 목련보다 꽃이나 잎이 커서 붙인 이름이라고 한다. » 106

탱자나무 운향과 (봄)

줄기는 회색빛을 띤 녹색이고 어린 가지는 녹색이다. 단단하고 날카로운 녹색 가시가 어긋나게 달린다. 잎은 거꾸로 선 달걀 모양이거나 타원 모양으로, 가장자리에 둔한 톱니가 있다. 작은 잎 3장이 모여 달리며 잎자루에 좁은 날개가 있다. 어긋나기 한다. 5~6월에 잎겨드랑이에서 흰색 꽃이 1~2송이씩 모여 핀다. 열매는 둥글고 겉에 털이 있으며, 10월에 노란색으로 익고 향기가 좋다. 어린나무는 귤나무를 접붙이기할 때 대목으로 사용한다. 당나라에서 들어온 이 나무에 험상궂은 가시가 달려 있어 '당자나무'라고 부르던 것이 '탱자나무'가 되었다고 한다. » 131

통탈목 두릅나무과 (여름·가을)

줄기가 회색빛을 띤 갈색이며 껍질눈이 있다. 50센티미터가량의 긴 잎자루 끝에 달리는 지름 25~70센티미터의 둥근 잎은 5~7갈래로 갈라지고, 다시 2갈래로 갈라진다. 어긋나기 하고 가지 끝에서 모여나기 한다. 10~12월에 줄기 끝에서 누런빛을 띤 흰색 꽃이 원뿔 모양으로 모여 핀다. 둥근 열매는 이듬해 2~4월에 검은색으로 익는다. 팔손이와 비슷하지만 팔손이보다 크고, 잎자루와 꽃차례에 갈색 털이 많아 구별된다. 중국에서 사용하는 한자 이름을 그대로 따왔다. » 236

ㅍ

팔손이 두릅나무과 (여름·가을)

줄기는 회색빛을 띤 갈색이다. 잎은 둥글거나 넓은 달걀 모양이며 끝이 손바닥 모양으로 7~9갈래로 갈라진다. 잎끝이 뾰족하고 반들거린다. 어긋나기 한다. 10~12월에 가지 끝에서 흰색 꽃이 원뿔 모양의 가지 끝에서 둥글게 모여 핀다. 열매는 둥글고 이듬해 4~5월에 검은색으로 익는다. 커다란 잎이 대체로 8갈래로 갈라져 붙인 이름이다. » 234

팥꽃나무 팥꽃나무과 (봄)

줄기는 자줏빛을 띤 갈색이며, 햇가지는 털로 덮여 있다. 좁고 긴 잎은 끝이 뾰족하고 가장자리가 밋밋하다. 마주나기 한다. 3~5월에 잎보다 먼저 지난해의 가지 끝에 붉은빛을 띤 연한 보라색 꽃이 3~7송이씩 모여 핀다. 꽃에 독이 있다. 열매는 타원 모양이며 7월에 자줏빛을 띤 붉은색으로 익는다. 자연 상태에서는 잘 맺히지 않아 열매를 보기 어렵다. 꽃이 피어날 무렵 꽃색이 팥알 색과 비슷하여 붙인 이름이다. 서해안에서는 팥꽃나무 꽃이 필 무렵 조기가 많이 잡혀 '조기꽃나무'라고도 한다. » 45

팥배나무 장미과 (봄)

줄기는 회색빛을 띤 갈색이고 1년생 가지에 껍질눈이 뚜렷하다. 잎은 달걀 모양이거나 타원 모양으로 측맥이 뚜렷하다. 가장자리에 불규칙한 겹톱니가 있다. 어긋나기 한다. 4~6월에 가지 끝에서 흰색 꽃이 6~10송이씩 모여 피는데 향기가 독특하다. 열매는 둥글고 9~10월에 붉은색으로 익는다. 배꽃을 닮은 흰색 꽃이 피고 열매가 작은 팥을 닮아 붙인 이름이다. » 127

팽나무 삼과 (봄)

줄기는 회색이고 매끈하다. 잎은 한쪽으로 일그러진 달걀 모양이거나 넓은 타원 모양이다. 끝이 뾰족하고 측맥은 3~5쌍으로 선명하다. 잎 윗부분에만 자잘한 톱니가 있다. 어긋나기 한다. 4~5월에 잎이 나면서 노란빛을 띤 녹색 꽃이 핀다. 암꽃은 햇가지 윗부분에 1~3송이씩 달리고 수꽃은 가지 겨드랑이에 달린다. 열매는 둥글며 10월에 붉은빛을 띤 누런색으로 익는다. 튼튼하고 가지가 무성하여 쉼터인 정자 주변에 심는다. 느티나무 다음으로 천연기념물로 지정된 나무가 많다. 대나무로 만든 통에 이 나무의 열매를 넣고 불면 '팽' 하는 소리가 났다고 해서 붙인 이름이라고 한다. 비슷한 종으로는 잎이 긴 타원 모양이거나 달걀 모양으로 끝이 길게 뾰족한 '푸조나무'가 있다. » 154

편백 측백나무과 (봄)

줄기는 붉은빛을 띤 갈색이며, 껍질이 세로로 갈라지면서 벗겨진다. 잎은 비늘 모양이며 마름모꼴로 겹치고 잎 뒷면에 'Y'자 모양으로 흰색 숨구멍 줄이 있다. 4월에 연한 갈색 암꽃과 붉은빛을 띤 갈색 수꽃이 가지 끝에서 핀다. 열매는 둥글며 이듬해 9~10월에 갈색으로 익는다. 열매 조각은 8~10개, 그 사이에 씨앗이 2~5개 있다. 씨앗은 매끄럽고 옆쪽에 날개가 있다. '편백나무'라고도 한다. 비늘 모양의 잎이 가지에 납작하게 붙은 모습에서 비롯된 이름이다. » 181

포도 포도과 (여름·가을)

줄기는 붉은빛을 띤 갈색이며, 껍질이 세로로 갈라지면서 벗겨진다. 덩굴손으로 주변의 물체를 감고 올라가며 덩굴로 자란다. 달걀 모양의 둥근 잎은 끝이 3~5갈래로 갈라지고 어긋나기 한다. 5~6월에 잎과 마주 달리는 꽃자루에서 누런빛을 띤 녹색 꽃이 원뿔 모양으로 모여 핀다. 둥근 열매는 여러 알갱이가 송이를 이루고, 8~10월에 검은빛을 띤 자주색으로 익는다. 많은 재배 품종이 있다. 옛날 중국에서 고대 페르시아어 '부도우'를 한자로 '포도'로 옮긴 것을 고려 시대에 우리나라로 전해지면서 그대로 쓰고 있다. » 249

풍나무 조롱나무과 (봄)

줄기는 검은빛을 띤 갈색이다. 잎은 삼각형의 넓은 달걀 모양으로 끝이 3갈래로 갈라진다. 어긋나기 한다. 4월에 잎과 함께 꽃이 피는데 수꽃은 가지 윗부분에 원뿔 모양으로 모여 피고, 둥근 암꽃은 아래로 처지며 핀다. 열매는 둥근 모양이며 갈색으로 익고 부드러운 가시털로 덮여 있다. 잎의 모양이 단풍나무를 닮아 붙인 이름이라고 하며, '대만풍나무'라고도 한다. 비슷한 종에는 북아메리카 원산으로 줄기와 가지에 코르크질의 날개가 있고, 잎이 손바닥 모양으로 5갈래로 갈라지는 '미국풍나무'가 있다. » 26

풍년화 조롱나무과 (봄)

줄기는 회색이거나 회색빛을 띤 갈색이며 껍질눈이 있다. 잎은 약간 찌그러진 타원 모양이거나 거꾸로 선 달걀 모양이고, 가장자리에 물결 모양의 톱니가 있다. 어긋나기 한다. 4월에 잎보다 먼저 잎겨드랑이에서 꽃잎이 줄 모양으로 조금 쭈글쭈글한 노란색 꽃 여러 송이가 모여 피고 향기가 좋다. 열매는 달걀 모양이며 10~11월에 갈색으로 익고 겉에 갈색 털이 있다. 원산지인 일본에서 꽃이 풍성하게 피면 풍년이 든다고 하여 '풍작'이라고 부르는데 그 이름을 따서 붙였다고 한다. » 80

피나무 아욱과 (여름·가을)

줄기는 회색빛을 띤 갈색이다. 넓은 달걀 모양의 잎은 끝이 길게 뾰족하다. 어긋나기 한다. 6~7월에 잎겨드랑이에서 누런빛을 띤 흰색 꽃이 3~20송이씩 평평하게 모여 피며, 꽃자루에 긴 타원 모양의 꽃싸개가 달린다. 둥근 열매는 갈색 털이 빽빽하게 나고 8~9월에 갈색으로 익는다. '껍질(피)을 쓰는 나무'라는 뜻에서 붙인 이름으로, 껍질이 질겨 밧줄이나 노끈 따위를 만들었다. 비슷한 종으로는 피나무보다 꽃싸개와 열매의 크기가 크고 잎 뒷면이 회색빛을 띤 흰색인 '찰피나무'가 있다. » 215

피라칸다 장미과 (봄)

중부 지방에서는 가을에 낙엽이 진다. 줄기에 가지가 변한 날카로운 가시가 있으며 가지가 많이 갈라진다. 잎은 좁은 타원 모양이며 가장자리가 밋밋하다. 어긋나기 한다. 5~6월에 잎겨드랑이에서 흰색이거나 연한 노란색 꽃이 접시 모양으로 둥글게 모여 핀다. 둥글납작한 열매는 10~12월에 붉은색으로 익고 많이 열린다. » 122

ㅎ

함박꽃나무 목련과 (봄)
줄기는 회색빛을 띤 흰색이며 매끈하다. 잎은 타원 모양이거나 거꾸로 선 달걀 모양이다. 어긋나기 한다. 5~6월에 잎이 나온 다음 가지 끝에서 목련꽃을 닮은 흰색 꽃이 옆이나 아래를 향해 피며 향기가 진하다. 열매는 9~10월에 붉은색으로 익는다. 이름은 꽃 크기가 함지박(함박)만큼 커서 붙였으며, '산목련'이라고도 한다. » 103

해당화 장미과 (봄)
줄기는 갈색이고 납작한 가시와 바늘 모양의 가시가 함께 난다. 뿌리에서 많은 가지가 나온다. 타원 모양의 작은 잎 7~9장이 깃털 모양으로 모여 달리고, 잎은 도톰하고 표면에 주름이 많으며 반들거린다. 어긋나기 한다. 5~7월에 햇가지 끝에서 피는 진한 분홍색 꽃은 향기가 좋다. 열매는 둥글납작하고 7~8월에 붉은색으로 익는다. 바닷가에서 자라서 붙인 이름이다. 흰색 꽃이 피는 '흰해당화'도 있다. » 30

향나무 측백나무과 (봄)
줄기는 어두운 갈색이고 가지는 녹색이다. 가지를 잘라 둥근 모양, 동물 모양 따위로 가꿔 키우기도 한다. 비늘 모양과 끝이 뾰족한 바늘잎이 함께 달린다. 암수딴그루로 4월에 암꽃은 잎겨드랑이에, 노란빛을 띤 갈색 수꽃은 가지 끝에서 핀다. 둥근 열매는 처음에 녹색 또는 회색빛을 띤 푸른색이었다가 이듬해 9~10월에 검은빛을 띤 자주색으로 익으며, 겉에 흰색 가루가 생긴다. 비슷한 종으로 줄기가 땅을 기며 자라는 '눈향나무', 둥글게 자라는 '둥근향나무', 북아메리카 동부가 원산인 '연필향나무', 바늘잎 없이 비늘잎이 부드러운 향나무 '가이즈카' 따위가 있다. 나무에서 향이 난다고 하여 붙인 이름이다. » 182

협죽도 협죽도과 (여름·가을)
줄기는 붉은빛을 띤 갈색이다. 잎은 좁고 긴 타원 모양이며, 두툼하고 끝이 뾰족하며 가장자리가 밋밋하다. 3장씩 돌려나기 한다. 7~8월에 가지 끝에서 흰색 또는 분홍색 꽃이 모여 핀다. 열매는 가늘고 길며 10~11월에 붉은빛을 띤 갈색으로 익는다. 줄기나 잎을 자르면 흰색 즙이 나온다. 겹꽃이 피는 '만첩협죽도'가 있는데 이 나무를 주로 심는다. 독성이 강하다. 좁은 (협) 잎이 대나무(죽), 꽃은 복숭아꽃(도)을 닮아 붙인 이름이라고 하며, '유도화'라고도 한다. » 195

호두나무 가래나무과 (봄)
회색빛을 띤 흰색인 줄기는 밋밋하고, 오래되면 껍질이 깊게 갈라진다. 잎은 타원 모양이며 5~7장이 깃털 모양으로 모여 달린다. 어긋나기 한다. 4~5월에 햇가지 끝에서 암술머리만 있는 암꽃이 모여 달리고, 꼬리 모양의 수꽃은 아래로 늘어진다. 열매는 둥글고 겉쪽에 샘털이 있다. 열매는 9월에 익으며 과육 속에서 단단한 껍질로 싸여 있는 씨앗은 주름이 많고 고소한 맛이 난다. 오랑캐 나라에서 나는 복숭아라는 뜻으로 붙인 '호도'가 바뀐 이름이다. 가래나무와는 달리 어린 가지에 털이 없고 작은 잎은 7장을 넘지 않으며 톱니가 없고, 열매는 둥글고 4칸으로 줄이 나 있다. » 152

호랑가시나무 감탕나무과 (봄)
줄기는 회색빛을 띤 흰색이고, 껍질눈이 있다. 잎은 타원 모양이지만 각이 지고 모서리가 날카로운 가시로 되어 있다. 도톰하고 반들거리며 질기다. 어긋나기 한다. 암수딴그루로 4~5월에 잎겨드랑이에서 흰빛을 띤 녹색 꽃이 모여 핀다. 9~10월에 붉은색으로 익는 열매에 씨앗이 4개 들어 있다. 잎의 가시가 호랑이 발톱을 닮아서 붙인 이름이다. '묘아자나무'라고도 한다. » 157

홍가시나무 장미과 (봄)
줄기는 갈색이거나 짙은 갈색이다. 잎은 긴 타원 모양으로 끝이 뾰족하고 반들거린다. 어긋나기 한다. 어린

잎은 붉은색을 띠고 자라면서 초록색이 된다. 5~6월에 어린 가지 끝에서 흰색 꽃이 원뿔 모양으로 모여 핀다. 열매는 달걀 모양이며 9~10월에 붉은색으로 익는다. 잎이 새로 나올 때와 단풍이 들 때 붉은색이 돌고, 가시나무를 닮아 붙인 이름이다. » 122

홍자단 장미과 (봄)

가지가 길게 자라 아래로 처진다. 잎은 달걀 모양이며 크기가 작고 반들거린다. 어긋나기 한다. 5~6월에 잎겨드랑이에서 붉은색 꽃이 피는데 꽃잎이 벌어지지 않는다. 열매는 둥근 모양이며 10월에 붉은색으로 익는데 겨울에도 달려 있다. 일본에서 붙인 이름을 그대로 따왔다고 한다. » 36

화백 측백나무과 (봄)

줄기는 갈색이며, 껍질이 띠 모양으로 세로로 갈라진다. 달걀 모양의 잎은 끝이 뾰족하고 비늘 모양으로 겹쳐 난다. 잎 뒷면에 'W'자 또는 나비 모양의 흰색 숨구멍 줄이 있다. 4월에 연한 갈색 암꽃과 붉은빛을 띤 갈색 수꽃이 어린 가지 끝에서 핀다. 둥근 열매는 이듬해 10월에 갈색으로 익으며, 크기가 편백보다 작다. 열매 조각은 8~12개이고 그 사이마다 씨앗이 1~2개 들어 있으며, 옆쪽에 날개가 있다. 편백과 비슷하지만 잎 끝이 뾰족하고 뒷면이 흰색을 띤다. 비슷한 종으로 '실화백', '황금실화백' 따위가 있으며 '화백나무'라고도 한다. 일본이 원산지이다. » 180

화살나무 노박덩굴과 (봄)

줄기는 회색빛을 띤 갈색이며, 가지에 코르크질의 날개가 2~4장 있다. 잎은 거꾸로 선 달걀 모양으로 좁고 길며 끝이 뾰족하다. 마주나기 한다. 가을에 붉은색으로 물드는 단풍이 아름답다. 5월에 잎겨드랑이에서 노란빛을 띤 녹색 꽃이 2~5송이씩 모여 핀다. 타원 모양의 열매는 9~10월에 붉은색으로 익으며, 껍질이 벌어지면 주홍색 씨앗이 나온다. 어린잎을 나물로 먹는데 '홋잎나물'이라 한다. 줄기에 생기는 코르크질의 날개가 화살과 비슷해서 붙인 이름이다. » 158

황매화 장미과 (봄)

뿌리에서 많이 모여나는 줄기는 매끈하며 녹색을 띤다. 잎은 달걀 모양이거나 긴 달걀 모양으로 끝이 꼬리처럼 길게 뾰족하다. 가장자리에 뾰족한 겹톱니가 있다. 잎맥이 오목하게 들어가 주름처럼 보인다. 어긋나기 한다. 4~5월에 잎과 함께 가지 끝에서 노란색 꽃이 핀다. 열매는 타원 모양이며, 남아 있는 꽃받침 속에서 8~9월에 갈색으로 익는다. 이름은 '노란색 꽃이 피는 매화나무'라는 뜻이다. 비슷한 종으로 겹꽃이 피는 '죽단화'가 있다. » 82

황벽나무 운향과 (봄)

줄기는 연한 회색이고 코르크층이 발달했다. 껍질을 벗겨내면 속이 노란색이다. 긴 타원 모양에 끝이 뾰족한 잎 5~13장이 깃털 모양으로 모여 달린다. 마주나기 한다. 잎을 자르면 독특한 냄새가 난다. 암수딴그루로 5~6월에 햇가지 끝에서 노란빛을 띤 녹색 꽃이 원뿔 모양으로 모여 핀다. 둥근 열매는 7~10월에 검은색으로 익는다. 속껍질은 노란색 물감으로, 두꺼운 겉껍질은 코르크 병마개를 만든다. 속껍질이 노란색이라는 뜻으로 '황벽피나무'라고 부르던 것에서 비롯된 이름이다. » 156

회양목 회양목과 (봄)

줄기는 회색빛을 띤 흰색이거나 회색빛을 띤 갈색이다. 잎은 긴 타원 모양이거나 달걀 모양으로, 끝이 둥글고 오목하여 뒤로 살짝 말린다. 가장자리는 밋밋하다. 잎이 도톰하고 반들거린다. 마주나기 한다. 3~4월에 노란색 꽃이 가지 끝에서 몇 송이씩 모여 달리는데 가운데에 암꽃이 하나 있고, 둘레에 수꽃이 몇 송이 붙는다. 암꽃은 암술머리가 3개 있다. 꽃에서 달콤한 꿀 냄새가 난다. 열매는 달걀 모양이며 9~10월에 갈색으로 익는다. 끝에 암술대가 뿔처럼 남아 있다. 한자 이름 '황양목에서 '화양목'을 거쳐 회양목으로 바뀐 이름이라고 한다. 나무질이 단단해 도장 재료로 사용해서 '도장나무'라고도 한다. 우리나라 고유종이다. » 84

회화나무 콩과 (여름·가을)

줄기는 진한 회색빛을 띤 갈색이며, 껍질이 세로로 갈라지고 어린 가지는 녹색이다. 달걀 모양의 작은 잎 7~15장이 깃털 모양으로 모여 달린다. 잎 뒷면은 흰색이며, 어긋나기 한다. 7~8월에 가지 끝에서 나비 모양의 누런빛을 띤 흰색 꽃이 원뿔 모양으로 모여 핀다. 구슬 목걸이처럼 늘어지는 꼬투리 열매는 10월에 갈색으로 익는다. 꼬투리는 겨울까지 나무에 달려 있으며 씨앗은 검은콩 모양이다. 가지가 밑으로 처지는 것을 '수양회화나무', 잎이나 햇가지가 황금색인 것을 '황금회화나무'라 한다. 한자로 표기한 '괴화'를 중국어로 '회화' 또는 '홰화'라고 발음하며 여기에 나무를 붙인 이름이라고 한다. 학자의 기상처럼 자유롭게 뻗어 '학자수'라고도 한다. » 207

후박나무 녹나무과 (봄)

줄기는 초록빛을 띤 갈색이고, 어린 가지는 녹색이다. 겨울눈은 30개가 넘으며 비늘 조각으로 덮여 있다. 잎은 거꾸로 선 달걀 모양이거나 타원 모양이며 끝이 뾰족하다. 가장자리가 밋밋하며 반들거리고, 뒷면은 회색빛을 띤 녹색이다. 어긋나지만 가지 끝에서 모여 난 것처럼 보인다. 5~6월에 잎겨드랑이에서 노란빛을 띤 녹색의 작은 꽃이 원뿔 모양으로 모여 핀다. 열매는 둥글며 10월에 검은빛을 띤 자주색으로 익는다. 한자 이름 '후박'에서 비롯되었으며, 생김새가 수수하고 나무껍질이 두텁다는 뜻이다. 일본목련을 후박나무라 부르기도 하는데 후박나무와 일본목련은 다른 나무이다. » 79

후피향나무 차나무과 (여름·가을)

줄기는 회색빛을 띤 갈색이다. 거꾸로 선 달걀 모양이거나 긴 타원 모양의 잎은 가장자리가 밋밋하고 반들거린다. 잎자루가 붉은색이다. 어긋나기 하며 가지 끝에서는 모여나기 한다. 7월에 어린 가지 잎겨드랑이에서 노란빛을 띤 흰색 꽃이 모여 피면서 아래로 처진다. 둥근 열매는 9~10월에 붉은색으로 익는다. 이름은 나무껍질이 두툼하고 향기가 나는 나무라는 뜻이다. » 231

흰말채나무 층층나무과 (봄)

여름에는 줄기가 초록색이지만 가을부터 붉은빛이 돌기 시작해 겨울에는 더욱 진해진다. 잎은 타원 모양으로 끝이 뾰족하며 가장자리가 밋밋하다. 측맥이 4~6쌍이며 뚜렷하다. 마주나기 한다. 5~6월에 가지 끝에서 흰색 꽃이 우산 모양으로 모여 핀다. 둥근 열매는 8~9월에 흰색 또는 푸른빛을 띤 흰색으로 익는다. 열매가 흰색이고 말채나무를 닮아 붙인 이름이다. 비슷한 종으로 줄기가 여름에는 연한 녹색이고 가을부터는 노란색인 '노랑말채나무'가 있다. » 142

히어리 조록나무과 (봄)

줄기는 회색빛을 띤 갈색이다. 잎은 둥근 달걀 모양이며, 끝이 약간 뾰족하고 가장자리에 뾰족한 톱니가 있다. 잎의 측맥 6~8쌍이 뚜렷하며, 어긋나기 한다. 3~4월에 잎보다 먼저 노란색 꽃 여러 송이가 아래로 늘어지며 핀다. 열매는 둥글고 9월에 갈색으로 익는다. 우리나라 고유종으로, 처음 발견되었을 때 마을 사람들이 부르던 이름을 그대로 따왔고, 그 뜻은 정확하게 알려져 있지 않다. » 81

참고 도서와 사이트

- 윤주복, 《나무 쉽게 찾기》, 진선출판사(주), 2006
- 박상진, 《우리 나무 이름 사전》, (주)눌와, 2019
- 이우철, 《한국 식물명의 유래》, (주)일조각, 2005
- 조민제·최동기·최성호·심미영·지용주·이웅 편저, 《한국 식물 이름의 유래: 『조선식물향명집』 주해서》, 심플라이프, 2021
- 이동혁, 《한국의 나무 바로 알기》, 도서출판 이비컴, 2014
- 국가생물종지식정보시스템, 국립수목원
  (http://www.nature.go.kr/main/Main.do)
- 한반도의 생물다양성, 국립생물자원관
  (https://species.nibr.go.kr/index.do)

새벽들 아저씨와 관찰 여행을 하며 곤충과 거미의 생태 속으로~

와! 박각시다

손윤한 지음 | 188×257 | 128쪽 | 18,000원
＊학교도서관저널 추천도서

새벽들 아저씨와 떠나는 밤 곤충 관찰 여행 1
밤 곤충의 대표, 자연에 활기를 불어넣는 나방을 만나다!

와! 참깽깽매미다

손윤한 지음 | 188×257 | 196쪽 | 18,000원

새벽들 아저씨와 떠나는 밤 곤충 관찰 여행 2
매미, 잠자리, 풀잠자리, 벌과 파리 그리고 장수풍뎅이와 사슴벌레를 만나다!

와! 폭탄먼지벌레다

손윤한 지음 | 188×257 | 212쪽 | 18,000원
＊우수환경도서

새벽들 아저씨와 떠나는 밤 곤충 관찰 여행 3
야행성 딱정벌레의 세상, 신기한 딱정벌레 무리를 만나다!

와! 콩중이 팥중이다

손윤한 지음 | 188×257 | 168쪽 | 18,000원

새벽들 아저씨와 떠나는 물속 생물 관찰 여행 4
노린재, 사마귀와 메뚜기, 강도래와 날도래, 대벌레, 집게벌레, 바퀴 무리를 만나다!

와! 물맴이다

손윤한 지음 | 188×257 | 142쪽 | 15,000원
＊우수과학도서, 학교도서관저널 추천도서, 행복한아침독서 추천도서, 청소년 권장도서(초등부)

수질 환경의 상태를 보여 주는 물속 생물에 관한 흥미로운 이야기!

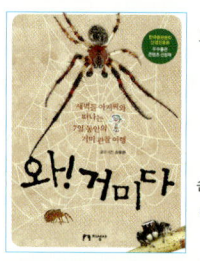

와! 거미다

손윤한 지음 | 210×290 | 152쪽 | 23,000원
＊한국출판산업진흥원 우수콘텐츠 선정작, 학교도서관저널 추천도서

우리 곁에 살고 있는 거미에 관한 생생한 다큐멘터리!